元宇宙

新生态开启数字生活新纪元

王 飞 主编◎

电子工业出版社

Publishing House of Electronics Industry

北京·BEIJING

内 容 简 介

自元宇宙 2021 年成为火热的话题以来，众多科技巨头都将其视为未来的重要发展方向。那么，元宇宙究竟是什么？它又将为各行业带来哪些机遇？

本书聚焦元宇宙，分理念篇、实践篇、未来篇三部分讲解元宇宙的理念、行业应用机会和未来发展方向，为各行业的企业入局元宇宙提供方法论指导。无论是致力于企业转型的各领域企业家、互联网领域创业者，还是对元宇宙感兴趣的其他读者，都可以从本书吸取元宇宙相关实践经验。

图书在版编目（CIP）数据

元宇宙：新生态开启数字生活新纪元 / 王飞主编. —北京：电子工业出版社，2022.7

ISBN 978-7-121-43817-2

Ⅰ．①元…　Ⅱ．①王…　Ⅲ．①信息经济　Ⅳ．①F49

中国版本图书馆 CIP 数据核字（2022）第 111656 号

责任编辑：刘志红（lzhmails@phei.com.cn）
印　　刷：天津千鹤文化传播有限公司
装　　订：天津千鹤文化传播有限公司
出版发行：电子工业出版社
　　　　　北京市海淀区万寿路 173 信箱　邮编　100036
开　　本：720×1 000　1/16　印张：12.75　字数：204 千字
版　　次：2022 年 7 月第 1 版
印　　次：2022 年 7 月第 1 次印刷
定　　价：89.00 元

凡所购买电子工业出版社图书有缺损问题，请向购买书店调换。若书店售缺，请与本社发行部联系，联系及邮购电话：（010）88254888，88258888。

质量投诉请发邮件至 zlts@phei.com.cn，盗版侵权举报请发邮件至 dbqq@phei.com.cn。

本书咨询联系方式：（010）88254479，lzhmails@phei.com.cn。

编 委 会

自元宇宙概念成为火热话题后，各大互联网企业纷纷将发展的目光瞄向了元宇宙，例如，游戏企业推出元宇宙游戏；电商企业布局元宇宙电商，推出数字藏品。元宇宙产业也在众多企业的布局下逐渐形成并发展。

2022 年 4 月，广州出台《广州市黄埔区、广州开发区促进元宇宙创新发展办法》，公布了对于元宇宙的扶持政策。其中，当地政府将从推动创新集聚、支持技术引领、鼓励应用示范、加强知识产权保护、加大人才引流、扩大行业影响、创新基金支持等方面推进元宇宙的发展。

而在进入 2022 年后，各地政府也推出了相关的元宇宙扶持政策，助力元宇宙企业、推动元宇宙产业化发展。除广州外，厦门、上海、无锡等地也出台了元宇宙扶持政策。各地政府对于元宇宙的支持从一定程度上表明了元宇宙发展的巨大潜力。

元宇宙是当前各行业向前发展的新的切入点，也是创新试验田。元宇宙相关技术与应用将推动各行业的数字化、虚拟化发展，打开广阔的盈利空间。在这个过程中，元宇宙将大大提高人们的生活体验感及社会运转效率。

从生活体验角度来说，元宇宙的发展将推动人们学习、办公、娱乐、购物等多方面活动的智能化、虚拟化，从多方面赋予人们更自由的沉浸式体验。从社会运转角度来说，元宇宙的发展可以帮助各行业变革传统的运作模式，推动智慧城市的形成和发展等，为社会运转效率带来质的飞跃。

而以发展的眼光来看，元宇宙对于社会的变革并不是一蹴而就的。当前各行业经过长时间的发展，形成了较为清晰的内在逻辑。元宇宙应用只有符合各行业发展的内在逻辑，才能在赋能各行业的同时实现长久发展。因此，在元宇宙发展的最初阶段，其主要实现的是聚焦用户需求、行业发展痛点等产出多样的元宇宙应用，充分发挥出其沉浸式的优势，优化用户体验，打开市场。

在元宇宙应用逐渐在各行业成功落地之后，其将创造新场景。例如，将变革行业数字化运行模式，将更多设计、生产、交付的场景搬到虚拟世界中。而在元宇宙逐渐变革人们的生活方式和社会运转方式的过程中，元宇宙虚拟世界与现实世界相融、去中心化等特点也将持续深化人们对于元宇宙的认知，使更多人深入了解和接受元宇宙。

中国工程院院士，清华大学教授、博士生导师　郑纬民

2022 年 5 月

　　《元宇宙：新生态开启数字生活新纪元》主要聚焦于云计算、人工智能、扩展现实、区块链、数字孪生等多种技术群支撑的元宇宙技术，综合阐述了快速发展的新技术、底层技术基础、行业应用场景和创新体验在多维度上的发展和演变。元宇宙通过混合现实和数字建模等技术，加以分布协同构建机制，拥有崭新经济、身份、制度体系的数字经济新形态，可应用于企业的方方面面，从消费者到员工，再到企业运营，推动现实世界向虚实结合的融合世界发展。企业必须抓住机遇，树立责任为先的发展理念，深入思考元宇宙对数据所有权、包容性和多样性、可持续性、企业及人身安全等产生的影响，重塑运营模式和核心价值主张，争取在数字化转型中赢得先发优势。

柴洪峰　中国工程院院士

复旦大学教授、博士生导师，中国银联董事，电子商务与

电子支付国家工程实验室理事长、主任

元宇宙是面向未来的智慧化数字空间，是实体物理社会的数字化、智能化重构、重塑、再造，是人类信息化发展的高阶形态，必将成为数字经济未来发展的重要载体和综合场景。元宇宙的概念、技术、产业、应用还处在发展早期，今天的认知或许只是未来无限可能的冰山一角。相信《元宇宙：新生态开启数字生活新纪元》会帮您拨开元宇宙概念的迷雾，迈上通向数字化新时空的阶梯。

单志广博士

国家信息中心信息化和产业发展部主任

智慧城市发展研究中心主任

古人对宇宙的认知是博大和无穷的，是时空的辩证统一，"四方上下曰宇，往古来今曰宙"。万物自上古以来就存在于这个无穷尽的世界里，伴随着人类文明的生生不息，人们在这个时空的世界里不断探索，创造出了科学、技术、文化、艺术的璀璨果实，元宇宙也是在这个过程中孕育和诞生的。

元宇宙的孕育需要从哲学层面去探讨和认知。数字化时代的到来改变了人类长久以来的认识世界和改造世界的基本哲学和方法。如果说前几轮人类科技革命是长期积累的结果，本轮科技革命可以说很大程度上是信息技术的推动结果。随着信息技术的发展，芯片和计算设备取得突破性进展，使得云计算成为主流，移动互联网和智能手机改变了人类交流方式，以大数据智能、深度学习等为代表的软件算法不断革新，到虚拟现实和数字人的出现，人工智能的卷土重来，人类社会的各种形态都在改变，科学研究的手段也在不断发生变化，直接造就元宇宙——具时代特征的智能人造物（"元"在汉语中是"开始、起端"的意思），从此改造现实社会，形成了虚拟世界，可以说这个时代的改变不仅是物化的变革，也值得从哲学的层面去深度思考。

元宇宙的产生是一个建构性和渐进性的过程。正如当前宇宙的形成是长期演化和变化的结果，作为孕育于客观物质世界、人类社会和信息空间的产物，元宇宙从诞生之日开始就与现实世界密切相关，不同领域的人们赋予了它不同的内涵和外延。与以往的规律发现、现实解读相比，元宇宙的产生是一个建构的过程，是人类社会不同人群在客观物质世界的基础上，借助信息空间建构而来的。与人类认知的建构主义、联结主义思想一致，各种具有生命力的元宇宙特性、特征都要与现有的技术和文明联系，在此基础上又派生出了新的形态，赋予了新的理念，并将在复杂的社会和技术环境中，随着自身的发展而不断融合和演化。

元宇宙的发展需要在各个相关行业快速普及。人类社会新技术的产生和应用需要社会力量的推动，缺乏普及性的科学技术往往难以真正地改造客观世界，让人们生活得更美好。如何用全面的视角、科普的语言去讲述一个还在不断进化之中的元宇宙现象，不是一件容易的事情。从核心技术、对社会和各个行业的影响出发，深入分析和探讨新生事物将面临的机会与挑战，这需要有敏锐的视角和宽广的知识。我认为，一本书带给人们的不应该是概念性和枯燥的说教，应该让人们学习全面的知识体系，引发内心的思考。

这本元宇宙相关的图书的面世必将推动目前火热的元宇宙技术的发展，并在此过程中带来更多的理性思考，这是我们希望看到的效果和结果。依托元宇宙的发展，人类认识世界和改造世界的能力必将发生突破性提高，"我心即宇宙，宇宙即我心"，壮哉！

我也衷心希望能与各位读者在书中找到自己投身元宇宙建设的热情，共同打造一个智能、和谐、安全、先进的元宇宙平台和虚拟世界。

王飞

中华国际科学交流基金会大数据智能产业研究院执行院长

中华国际科学交流基金会专家委员会大数据智能特聘专家

中科基大数据技术研究院院长

2022 年 5 月于北京

元宇宙概念在 1992 年的科幻小说《雪崩》中被首次提出，又在 2021 年重回大众视野。国外的 Meta、微软，国内的腾讯、今日头条、百度等科技巨头公司都在纷纷布局元宇宙。巨头公司的动作并不是元宇宙风潮下的跟风行为，而是他们意识到了元宇宙将成为未来互联网发展的方向。

元宇宙的火爆表明了近几年各种先进技术的创新和突破已经到了可以大规模应用的临界点，而元宇宙的出现更详细地描绘了未来数字化发展的蓝图。元宇宙并不是一时暴发、稍纵即逝的短期热点，而是描绘了各行业甚至全社会未来数字化变革的图景，将深刻影响社会的未来发展。

在变革的过程中，抓住时代趋势、把握住时代商机的企业才能够在新市场中获得更多红利。本书围绕元宇宙，以理念篇、实践篇、未来篇详细拆解元宇宙，解析其中存在的机会。

其中，理念篇对元宇宙的概念、生态版图、实现所需的技术等进行梳理，以便读者对元宇宙有一个整体的认知。实践篇聚焦虚拟数字人、游戏、社交、教育、治理、办公、制造、电商等诸多领域，讲述元宇宙在其中可能的使用场景，并解析了企业入局不同领域的不同方法。未来篇对元宇宙的未来进行展望，在新的信息底座支持的未来元宇宙中，当下的交易模式、营销模式、经济模式等都会迎来变革，最终形成一个全新的数字世界。

在内容设计上，本书不仅全面讲解了元宇宙的基本信息，分析了各领域元宇宙发展的现状，还详细讲解了各领域的实践动向、暗藏的机会等，并在每个领域都提出了可行的入局机会。

同时，本书融入了大量巨头布局元宇宙的实践案例，在提高内容丰富性的同时，使得内容具有指导意义。无论企业家想带领企业进行元宇宙方向的转型，还是想要在元宇宙领域创业，都可以通过阅读本书，找到可行的实践方法。

编委会

2022 年 5 月

目 录

理 念 篇

实　践　篇

未 来 篇

理 念 篇

　　元宇宙究竟是什么？我们应该从哪些方面拆解元宇宙？针对这两个问题，本篇对元宇宙的概念、生态版图、实现所需的技术三方面进行了梳理，详细讲解了元宇宙的概念来源、上中下游产业链全景和实现元宇宙生态所需的多项技术，帮助读者建立对于元宇宙理念的完整认知。

第 1 章

元宇宙：新时代网络空间的呈现形式

自互联网诞生到现在，其已经跨过 PC 互联网，进入了移动互联网的发展阶段。而在移动互联网红利消退、互联网行业发展陷入瓶颈期的当下，更多人开始思考互联网行业的发展方向。在此背景下，连接虚拟世界与现实世界的元宇宙为互联网的发展指明了方向，被认为是互联网发展的下一阶段。元宇宙展现了巨大的发展潜力，将带来互联网的全新升级，变革网络空间的呈现形式。

1.1 从科幻走进现实，元宇宙概念逐渐清晰

2021 年，元宇宙概念如同一颗炸弹投进互联网行业，掀起了一场数字海啸，众多企业纷纷入局，在此新领域展开新探索。那么，加速狂奔的元宇宙究竟是什么？

1.1.1 概念翻红，元宇宙走进资本圈

2021 年 3 月，"元宇宙第一股" Roblox 将元宇宙概念写进招股书，元宇宙由此进入大众视野。随后，各大互联网巨头闻风而动，积极在元宇宙领域跑马圈地。Facebook 更名为 Meta；微软将"企业元宇宙"写入财报；百度元宇宙产品"希壤"开放内测；字节跳动收购 VR（Virtual Reality，虚拟现实）硬件厂商 Pico，布局元

宇宙；腾讯在投资方面加快了脚步，投资版图覆盖游戏、社交、硬件等诸多领域。

在刚刚过去的 2021 年，元宇宙猛然间暴发于互联网行业，并迅速向多领域蔓延。在行业大佬、互联网巨头、资本蜂拥的加持下，元宇宙出圈，被视为企业发展的新风口和互联网发展的下一阶段。

究其根源，暴发于 2021 年的元宇宙并不是一个新兴概念，而是旧概念的翻红。元宇宙"Metaverse"来源于美国科幻作家尼尔·斯蒂芬森的小说《雪崩》。书中描绘了一个名为"Metaverse"的多人在线的虚拟世界，用户以个性化的 Avatar（虚拟化身）在其中活动。

在这个虚拟世界中，用户既是其中的体验者，也是其中的创造者。用户可以在其中进行社交、工作等活动，也可以参加各种战斗。同时，在"计算机协会全球多媒体协议组织"制定的规则下，用户可以购买土地的开发许可证，之后便可以构建街道、楼宇、公园等，在虚拟世界中进行各种创造。

在《雪崩》之后，出现了很多带有元宇宙元素的作品，对这个充满想象的虚拟世界进行描绘，例如，电影《头号玩家》、游戏《第二人生》（《Second Life》）、动漫《刀剑神域》等。

在《头号玩家》中，人们在戴上 VR 头显后就会进入一个名为"绿洲"的虚拟世界。在这里，人们可以进行各种体验和探索活动，即使是贫民窟的少年也可以成为虚拟世界中的超级英雄；游戏《第二人生》则更多地展现了虚拟世界对于现实世界的模拟。在游戏中，玩家可以在拟真的场景中进行建造、购物、游戏、社交等，体验富有真实感的虚拟生活；在动漫《刀剑神域》中，主角戴上游戏设备后也可以进入一个虚拟世界，可以在虚拟世界里延续现实中的行为，同时可以学习各种法术，通过击败怪物获取经验、金币等来强化自身。

以上作品勾勒出了一个庞大且逼真的虚拟世界，通过可视化的方式描绘了元宇宙的未来形态，将元宇宙更鲜活地带入大众视野。同时，这些对于元宇宙的想象和描绘都体现了人们对于更高体验的追求。在 3D 拟真游戏体验逐渐成为主流的当下，人们开始追求更高的游戏体验，即沉浸式、可实时交互、可编辑、永久在线的游戏体验。

而沙盒游戏公司 Roblox 就抓住了人们的这种需求，将元宇宙概念写进了招股书，并获得了巨大反响。上市前，Roblox 估值约为 259 亿美元，而截至 3 月 11 日收盘，其市值上涨至 400 亿美元。

为何 Roblox 能够凭借元宇宙概念成功上市？与其他传统游戏不同，Roblox 既向用户提供游戏，也提供支持用户创作游戏的开发者工具。这使得 Roblox 吸引了数百万名创作者在其平台上开发了超过 2 000 万个游戏，并吸引了海量用户，如图 1-1 所示。截至 2021 年 11 月，其日活跃用户突破 4 940 万人。

图 1-1　Roblox 中的游戏

Roblox 提供了体验元宇宙和创作元宇宙内容的平台，构建了平台、创作者、用户多维交互的良性循环，拉近了元宇宙与人们之间的关系。正因为 Roblox 描绘了元宇宙的雏形，展示了从游戏到元宇宙的发展路径，才受到了资本的青睐。

此后，游戏公司中青宝宣布将推出元宇宙游戏《酿酒大师》；中文在线宣布将以数字内容优势，支持构建元宇宙场景，诸多公司乘着元宇宙的东风实现股票大涨。而腾讯、字节跳动等互联网大厂也加快了投资收购的脚步，涉及元宇宙游戏、相关硬件等多领域，以优化资源配置，争夺元宇宙赛道的入场券。由此，元宇宙这一起源于科幻小说的概念再次翻红，成为资本市场冉冉升起的明星。

在新时代下，我们应如何定义元宇宙？《雪崩》中将元宇宙描述为一个"由计算机模拟、与真实世界平行的虚拟空间"，而相比于书中的描述，当前互联网语境下的元宇宙有了更多的含义。元宇宙是整合了区块链、XR、5G 等多种新兴技术而产生的虚实结合的互联网应用和社会形态，其基于 XR 技术提供沉浸式体验、基于区块链技术搭建经济体系，将虚拟世界和现实世界紧密融合，并且支持用户在其中进行创造。

元宇宙不止存在于小说和电影的想象中，还在各种技术的融合下展示出了可实现的路径。未来，元宇宙将搭建一个无限扩展的、虚拟与现实结合的数字空间，承载人们的社交、娱乐、创作等多方面的活动需求，甚至成为人们数字化生存的栖息地。

1.1.2 核心特点：永久沉浸的虚拟生态

理想状态下，元宇宙将搭建一个永久沉浸的虚拟生态，以源源不断的内容为用户提供逼真的沉浸式体验。同时，在完善的数字身份认证机制、数字资产确权机制、闭环经济系统的支持下，用户可以实现数字内容的持续创造、数字资产的持续积累，进而催生新的文明。具体而言，元宇宙具有以下核心特点，如图 1-2 所示。

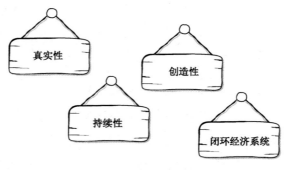

图 1-2　元宇宙的核心特点

1. 真实性

元宇宙的真实性是其能够带给用户沉浸感的关键要素。这种真实性主要表现在两个方面：一方面，元宇宙存在拟真的虚拟环境，同时运行规则也能够体现出现实世界规则在虚拟世界的映射，以此构建"源于现实而高于现实"的虚拟世界；另一方面，用户可以在元宇宙中获得真实、自由的虚拟体验。用户不仅可以在元宇宙中奔跑、跳跃、创造，还可以建立新的社交关系、工作关系等，开启真实的"第二人生"。

2. 创造性

元宇宙是开放并且具有创造性的，将极大地赋能用户创造。在自由的创作空间、简易多样的创作工具的帮助下，用户可以充分发挥自己的想象，创作大量 UGC（User Generated Content，用户生成内容），元宇宙也得以在源源不断的内容的支撑下持续拓展边界。

当前的中心化平台会将用户锁定在一个封闭系统中，聚集用户信息，并从用户的交易中获得收益。而元宇宙则是开放的，没有中心化系统的束缚，任何人都可以在其中通过创造获得收益，甚至将工作和生活搬到元宇宙中。有了源源不断的创造力，元宇宙才会持续向前发展。

3. 持续性

创造性是元宇宙发展的巨大驱动力，在这一驱动力的作用下，元宇宙可以实现持续发展。当前，元宇宙场景由不同的元宇宙平台所创造，而在成熟的元宇宙中，不同的元宇宙平台将在逐步走向融合，作为元宇宙的参与者为用户提供服务。在成熟的运行机制下，元宇宙不依靠单一的公司而运行，不会因元宇宙公司的消亡而消亡，能够在用户的持续创作中获得持续发展。

4. 闭环经济系统

元宇宙中存在完善的闭环经济系统。在这个系统下，用户可以进行消费、交易等活动，可以凭借自己的创造获得收益。同时，元宇宙中的经济系统和现实世界的经济系统是连通的，人们可以将现实资产转化为虚拟资产，也可以将元宇宙中的收入转化为现实中的货币。

1.1.3　不同畅想：《头号玩家》与《失控玩家》

提到元宇宙，很多人都会想到两部描绘元宇宙的经典电影：《头号玩家》和《失控玩家》。虽然两部电影都对元宇宙世界进行了较为完整的描绘，但侧重点却有所不同。

《头号玩家》中描绘了两个世界：资源贫瘠、生存条件恶劣的未来现实世界和虚幻却美好的虚拟世界，展现了巨大的反差。在现实世界中，生活的并不如意的主角韦德进入虚拟世界开启寻宝之旅，并在过程中结交了许多朋友。在电影中，现实世界的生活能够激起诸多人的心理共鸣，同时虚拟世界生活也表现了人们对于美好生活的想象。这样内容设定的目的能够带给人们更多启示，激发人们思考人与科技的关系。

与《头号玩家》不同，《失控玩家》将主角设定为虚拟世界中的一个 NPC，主要讲述的是 NPC 的觉醒，而不是现实世界与虚拟世界之间的切换。《失控玩家》的关注点并不是对元宇宙虚拟世界的描绘，而是展现了对元宇宙中 NPC 失控、意识觉醒的一种思考，更能唤起人们对于元宇宙相关风险的思考。

从内容上来看，《头号玩家》对于元宇宙的畅想更加完整，更能展示出元宇宙的意义：在一个体验更加丰富、时间可以加速、收益更加稳定、允许无限重来的虚拟世界中，人们可以自由体验丰富人生，从而丰富人生阅历。而这种回溯也是元宇宙区别于现实世界的重要意义。

总而言之，元宇宙的魅力和吸引力，在于它并不是一个脱离现实的"乌托邦"。人们可以在现实和虚拟两个世界中自由穿梭，能够在随意重置的虚拟世界中扮演新的身份，进行新奇的创造，在不断回溯中实现自我迭代。

1.1.4　三元社会："物理空间+社会空间+信息空间"新变化

随着元宇宙的发展，人们将感受到空间厚度和广度的增加。元宇宙将促使物理空间、社会空间、信息空间进行虚拟空间的开拓。

1. 元宇宙拼接物理空间的全息镜像空间

在数字孪生技术的支持下，分布于不同地理位置的自然景观、人文景观等物理空间都能够被镜像化至元宇宙中，形成对应的数字孪生体。在此基础上，元宇宙中能够生成一套高精度的物理空间场景拼图。

同时，现实世界中无法实现快速的空间位移，而元宇宙则能够实现瞬移，使用户的行动更加自由。在"发出信号—等待响应—完成任务"的位移全流程中，用户的行动将被大大简化，可以更加便捷地体验不同空间的景致和活动，自由进入、退出与切换空间。

2. 元宇宙延展社会空间的模拟补充空间

在社会发展过程中，空间供给的固定总量、生产的局限性与人们对于空间的无限需求之间存在难以调和的矛盾。融合了多种先进技术的元宇宙能够实现社会空间的拓展与重新分配。

在当前的生活中，服务于社会集体事务的场所常常会被关闭，同时对于知识学习、商务谈判、政治会晤等对氛围感提出较高要求的社会活动而言，隔着电子屏幕的活动场景难以满足人们对于氛围感的要求。因此，开辟新的全息共享空间变得十分有必要。而元宇宙作为开放的超级数字空间，支持用户在其中进行编辑与内容创造。

同时，在开源标准协议、社区治理结构、争议解决系统等工具搭建完成后，用户可以在元宇宙中通过开源代码进行社区维护和社会共建。在此基础上，用户能够在元宇宙完善运行规则的引导下，根据社会活动的特点与诉求，创造并维护与之契合的社会空间，从而延伸可供使用的虚拟空间，保证社会活动顺利进行。

3. 元宇宙提供信息空间的想象投射空间

现实生活中，在接收到生产、生活各种活动产生的信息刺激后，人们会在脑海中描绘脱胎于客观现实且充满想象的人物、场景、事件等。很多科幻的文学作品、影视作品等都由此产生。与之相比，元宇宙能够提供更具自由感和体验性的

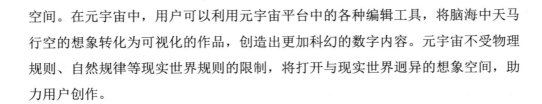

空间。在元宇宙中，用户可以利用元宇宙平台中的各种编辑工具，将脑海中天马行空的想象转化为可视化的作品，创造出更加科幻的数字内容。元宇宙不受物理规则、自然规律等现实世界规则的限制，将打开与现实世界迥异的想象空间，助力用户创作。

1.2 多重变革，元宇宙价值潜力无限

当前，在移动互联网时代下，人们的很多活动都由线下转到了线上，生活更加便捷。而元宇宙可以突破当前线上生活中的屏幕和屏障，带给人们更真实、更沉浸的交互体验，变革人们的生活方式。

1.2.1 变革娱乐社交模式，提供新体验

当前，被丰富娱乐社交内容包围的人们能够获得多样的娱乐社交体验。例如，与朋友开着语音组队游戏、在开放游戏世界中探索未知大陆、在人山人海的音乐会现场为偶像欢呼等。

但这样的娱乐社交体验是有界限的，在线上，人们难以获得媲美线下的真实体验；在线下，因为地域因素、社会因素等都可能对朋友间的相见、娱乐活动的举办等造成影响。

而元宇宙能够为用户提供一个支持实时自由交互、带来真实沉浸体验的虚拟世界。在这里，用户能够随时随地与朋友相聚于各种充满科幻色彩的虚拟场景中，真实体验多样的社交活动。同时，用户不仅是元宇宙的体验者，也是元宇宙的创造者，可以凭借各种创作工具设计新的社交空间、新的游戏等。元宇宙将创造出新的娱乐社交模式，丰富用户的娱乐社交体验。

在这方面，VR 社交平台 VRChat 为用户提供了一种类似元宇宙的虚拟社交体验。在 VRChat 中，用户可以自由创造自己的虚拟形象，将自己设计成可爱的二

次元少女、长着耳朵和尾巴的精灵等，如图 1-3 所示。用户可以以虚拟化身和他人进行互动，甚至可以触碰其他虚拟化身。

图 1-3　VRChat 中的各种形象

VRChat 突破了线上社交的屏幕屏障。借助全身追踪设备，用户可以在虚拟社交场景中自由活动。这使得很多线下的娱乐社交活动都可以在虚拟世界中实现。以跳舞为例，VRChat 中不仅有供用户体验的娱乐舞会，还有不同舞种的专业舞蹈派对，很多专业舞者都会相聚于 VRChat，进行斗舞比赛。

同时，VRChat 中还有种类丰富的游戏，能够带给用户身临其境的娱乐社交体验。以密室逃脱为例，现实中的一些密室逃脱场景因为道具少、限制多而难以带给人更多沉浸感。而在 VRChat 中，密室逃脱没有了现实中的种种限制，道具、音效等也更加丰富和逼真，能够给予用户更多代入感。此外，VRChat 支持用户自由创新社交场景、制作社交游戏等，能够满足用户的个性化需求。

当前，VR 社交平台已经展现了虚拟世界中沉浸式娱乐社交的新模式。而伴随着元宇宙的发展，虚拟场景将进一步繁荣，逐渐覆盖更多的娱乐社交活动，将更多活动搬进虚拟世界。

1.2.2　变革消费模式，创造新场景

伴随着技术的发展，人们的消费模式也在不断升级。电商的崛起使更多人习惯了线上购物，而 AR（Augmented Reality，增强现实）/VR 等技术在新零售领域

的应用创造了虚实结合的消费场景，展现了元宇宙时代的消费模式变革。

2021年4月，天猫3D家装城正式上线，商家可以在其中搭建3D购物空间，消费者则可以在其中实现"云逛街"。进入3D房间后，消费者可以体验全屋漫游，以任何角度查看商品款式、细节、价格等，如图1-4所示。

图1-4　天猫3D家装城中的3D空间

当前，天猫3D家装城已经上线了万余套3D空间，其中包括诸多品牌的线下家居卖场、知名设计师搭建的各种3D样板间等。在这里，消费者可以自由地进行不同商品的组合搭配，感受不同商品搭配在一起的效果。

除了让消费者更真实地体验"云逛街"外，一些企业以VR技术为依托，打造了虚实结合的沉浸式消费场所。例如，位于美国阿拉斯维加斯的"Area15"通过对先进技术的尝试，为消费者打造了一个极具沉浸感的消费娱乐社区。

"Area15"中包括多样的沉浸式体验场所、主题活动、餐厅、酒吧等。在其中，人们可以欣赏多样的艺术作品，尝试多种VR艺术体验，在自由变换背景的休息区休息等，还可以在充满科幻意味的餐厅、酒吧消费。

以上虚实结合的购物场景能够带给消费者更真实、沉浸的消费体验，展示了人们在元宇宙中进行消费的初级形态。而在元宇宙中，不仅更多的现实消费场景能够与虚拟场景相结合，甚至整个消费场景都可以搬进虚拟世界，用户可以以虚拟化身在虚拟购物场景中体验沉浸式逛街。

1.2.3 变革政府管理模式，政府服务升级

2021 年 11 月，浙江省经信厅召开元宇宙产业发展座谈会，介绍了《浙江省虚拟现实产业发展报告》的思路；2021 年 12 月，《上海市电子信息产业发展"十四五"规划》特别提及元宇宙，表示要加强元宇宙底层核心技术基础能力的研发；同样在 2021 年 12 月，杭州宣布成立元宇宙专委会，将元宇宙纳入未来产业发展体系中。

截至 2022 年年初，我国许多城市都在政府文件中提到了元宇宙，并将其作为产业发展、政务数字化转型及搭建智慧城市的重要方向。在元宇宙与政务结合的过程中，其将变革政府管理模式，升级政府服务。

首先，元宇宙与政务的结合能够助力城市治理模拟决策。元宇宙中的虚拟世界与现实世界能够实时映射，现实中所有人、物，甚至整个城市都可以复刻到元宇宙中。通过在元宇宙中观察城市的动态，及时发现态势的变化，并模拟问题处理的方案，能够为现实世界的政务处理提供科学决策依据。

其次，元宇宙与政务的结合能够提升应急事件处理的效率。现实中，水灾、火灾等突发事件的演练往往按照计划展开，缺少随机性、真实性，并且会造成大量的资源浪费。而在元宇宙中，模拟一场火灾、水灾等十分容易，不仅避免了资源浪费，还可以体现真实的场景、多变的态势，让身处其中的所有人员积极参与，提高人们的应急能力。

最后，元宇宙与政务的结合能够实现城市规划建设模拟。现实中，在整体规划城市建设时，由于多个城市管理部门存在不同的权责划分，难以进行全局统筹。而在元宇宙中，可以以城市为原型搭建完善的数字孪生城市，模拟城市的运作，并可以在其中测试城市规划方案，发现方案可能存在的问题，并及时解决。此外，

基于对城市规划方案的 AI 分析，也可以得到科学有效的规划建议。

1.3 时代趋势：元宇宙是社会发展的必然

元宇宙于当下暴发并不是偶然，而是时代发展的趋势。互联网发展需要新空间，技术发展需要新场景，而元宇宙能够满足这些需求。在时代的助推下，元宇宙拥有深厚的长久发展的动力，将在不断实践中走向成熟。

1.3.1 互联网发展放缓，需要打开新空间

移动互联网发展到现在已经实现了高度覆盖。中国互联网络信息中心的数据显示，截至 2020 年 12 月，我国网民数量已达 9.89 亿人，互联网普及率达 70.4%，其中，手机网民规模为 9.86 亿人，移动互联网渗透率达 99.7%。同时，百度、阿里巴巴等互联网企业在网民中也已经实现了高度渗透，互联网流量格局基本稳定。

在此背景下，移动互联网的发展红利逐步消退，各互联网企业的发展也陷入瓶颈。以电商行业为例，淘宝、京东、拼多多等电商巨头之间的竞争已经进入白热化，抖音、美团等平台为发展新业务也加入了电商竞争赛道，行业内竞争态势日趋激烈。

同时，在同一个平台中，不同商家之间的竞争也十分激烈。例如，某品牌的微波炉在天猫旗舰店中售价为 499 元，其他专卖店为了争取客源，往往会标价 479 元、449 元等，不同商家之间的价格战屡见不鲜。在这种激烈的竞争下，整个行业内卷严重，利润也变得十分单薄。

为了破解发展陷入内卷的怪圈，互联网行业急需新的增量空间。而元宇宙就为互联网行业打开了新的发展空间，在这个新型赛道上，由于玩家并不多，任何企业做出了新的成果，都有希望在海量潜在用户群体中吸引大量用户，在新市场中获得新利润。

基于创造性的特点，元宇宙可以承载人们的各种想象力和创造力。从商业模式上来说，几乎所有互联网存在的商业模式都可以复刻到元宇宙中，打开新的利润增长点。

同样以电商行业为例，当前已经有企业将产品销售搬到元宇宙中。2021 年末，时尚品牌 Forever 21 携手元宇宙公司 Virtual Brand Group，在沙盒游戏平台 Roblox 中创建虚拟购物城，而玩家可以成为虚拟商店的经营者。

玩家可以在 Forever 21 购物城中搭建自己的虚拟商店，如图 1-5 所示。

图 1-5　Forever 21 虚拟商店

在原始玻璃商店的基础上，玩家可以使用 FutureScape（未来世界）、Eco-Urban（生态城市）等不同的建筑主题装扮商店，还可以布置各种家居、艺术品、灯饰等，打造商店的特色。通过完成日常任务，玩家可以获得相应的积分。Forever 21 购物城的中心坐落着 Forever 21 旗舰店，玩家可以在旗舰店中以积分购买商品。

在 Roblox 中创建好虚拟购物城之后，Forever 21 在现实世界中发布新品时也会在虚拟世界里发布相应的数字产品，并在 Forever 21 购物城中出售。

Forever 21 通过向虚拟世界进发找到了企业新的增长点，也展示出了元宇宙中存在的机会和潜力。未来，互联网将向着虚拟化的方向不断发展，打开新的增长空间，助力互联网企业的持续发展。

1.3.2 技术达到奇点，需要新场景

当前，在元宇宙中，K 歌已经不再是幻想。2022 年 1 月，多人 XR 线上音乐平台 Party On 登录我国市场，支持用户以虚拟形象在虚拟世界中 K 歌、举办演唱会等，如图 1-6 所示。在这个高沉浸感的虚拟世界中，用户可以真实感受到围绕在身边的歌声、为他人的演唱欢呼、通过特效与他人互动等，获得真实的 K 歌体验。

图 1-6　Party On

这体现出了元宇宙对于人们生活的改变，同时究其根源，沉浸式虚拟场景的实现离不开 XR、AI、区块链等先进技术的支持。

当前，XR、AI、区块链等技术在长久地发展和技术积累中，已经到达了一个高度。市场中需要出现一个新的业态，将这些先进技术综合应用起来，同时这个业态需要充分发挥这些先进技术的优势，以新技术打开新的市场。而集成了各种先进技术的元宇宙就提供了这样一个业态，能够发挥各种技术融合的更大势能。

因此，元宇宙并不是横空出世的，而是多种先进技术的发展都达到了一个高度的产物。在各种技术融合发展的趋势下，会产生一个跨越时代、引领未来的产品，元宇宙便在此背景下应运而生。

1.3.3 元宇宙成为经济发展的新引擎

当前，伴随着数字技术的发展，数字经济逐渐成为经济增长的重要驱动力，而元宇宙则将成为数字经济发展的新的增长点，成为未来经济发展的新引擎。

经济的发展需要一个支柱产业。过去几十年里，房地产行业可以说是我国经济的支柱产业，其上、中、下游聚拢起了巨大的市场。其上游包括生产水泥、钢筋、砖瓦等一系列建筑材料的企业；中游包括各种开发商、装修公司等；下游包括物业公司、家具公司、维修公司等。房地产行业的活跃，带动了整个产业链诸多细分领域的活跃，推动了我国经济的发展。

那么在未来，我国经济的支柱产业会是什么？

要想成为未来几十年我国经济的支柱产业，需要具备以下条件。

一方面，这个产业必须具有广泛的用户群体，拥有巨大的市场空间。而元宇宙就是这样一个产业，不仅海量的个人用户可以成为元宇宙的终端用户，而且几乎所有的政府部门、公司、组织等都可以成为元宇宙的 B 端用户。因此，元宇宙的用户群体非常庞大，也会形成一个庞大的产业。

另一方面，这个产业必须有庞大的产业链，可以带动诸多细分领域的发展。元宇宙同样满足这一要求。元宇宙产业中存在广泛铺陈的上游、中游和下游企业。其中，上游包括芯片厂商、基建厂商、技术厂商等；中游涉及区块链、UGC 创作平台等诸多平台，以及多样的内容生产商；下游则将延伸到游戏、社交、办公、教育、政务等各行各业，最终深入渗透人们的生活。

综上所述，满足以上两方面需求的元宇宙有望在未来成长为推动经济发展的新引擎，成为经济发展的支柱产业。

1.3.4 元宇宙的终局：三种方式走向元宇宙

元宇宙自产生到应用落地，需要经历一个逐渐发展的过程。而在这个过程中，元宇宙呈现了不同的发展方式。具体而言，元宇宙的发展方式可以分为数字孪生、数字原生和虚实共生 3 种。

1. 数字孪生

数字孪生指的是将现实世界中的物体以数字孪生体的形式映射到虚拟世界。其依托现实中的物体而存在，强调对现实中物体的模拟和追踪，能够实现作为现实世界镜像的虚拟世界。数字孪生能够实现对现实中众多场景的复制，创建数字孪生园区、数字孪生城市等。而在未来，随着技术的发展，数字孪生地球将成为可能。基于数字孪生地球，各领域、各行业应用可以实现有效结合，形成实时互动、更加智能的虚拟世界。

2. 数字原生

数字原生指的是虚拟世界中的物体不是依据现实中的物体而形成的，而是由创作者在虚拟世界中创建而成的。基于元宇宙的创造性，人们可以自由地在其中进行各种天马行空的创作，产出各种现实世界中不存在的作品。这些内容都属于数字原生的范畴。

3. 虚实共生

虚实共生指的是虚拟世界与现实世界紧密结合，相互影响。人们可以在虚拟世界中创作和积累虚拟资产，体验多彩的第二人生，也可以在虚拟世界与现实世界中自由穿梭。虚拟世界与现实世界之间的界限日益模糊，最终实现共生。

第 2 章

生态版图：解析元宇宙产业全景

当前，众多企业纷纷在技术、内容等方面布局元宇宙。在这个过程中，元宇宙生态逐渐成熟。元宇宙上、中、下游聚集着大量企业，在技术研发、场景应用的过程中，这些企业逐渐走向融合，衍生出了更复杂的元宇宙生态，同时也将开启新的市场空间。

2.1 两大主体：技术方与内容方双向加持

元宇宙产业链中存在技术方与内容方两大主体。在技术方面，拥有竞争优势的科技巨头往往从技术处入手，进行元宇宙新技术和新产品的研发。而一些在技术方面难以与科技巨头匹敌的新秀企业则选择从内容处入手，提供丰富的元宇宙内容。

2.1.1 技术支撑方：为元宇宙提供核心技术

在元宇宙产业领域，科技巨头作为元宇宙的技术支撑方，聚焦于元宇宙体验升级各种关键技术，并提供更先进的元宇宙产品。这些科技巨头在元宇宙领域的技术布局不仅展现出了各公司对于元宇宙的畅想，更能够为元宇宙产业的发展添砖加瓦。

Meta 是在元宇宙领域积极布局的引领者。在收购 Oculus 补齐硬件短板之后，Meta 先后推出了六款 VR 硬件产品。其中，高性能和高性价比的 VR 头显 Oculus Quest 2 迅速打开了 VR 消费端市场。Counterpoint 机构发布的 2021 年第一季度全球 VR 设备品牌份额排行榜显示，Meta 旗下的 Oculus VR 以 75% 的份额占比位居榜单第一。

同时，Meta 在 VR 头显技术方面也没有停下前进的脚步。在 2021 年 10 月的 Connect 2021 大会上，Meta 公布了将在未来上线的下一代一体式 VR 头显 Project Cambria。该产品并不是 Oculus Quest 2 的替代产品，而是采用了 Pancake 光学元件、彩色透视技术等一系列先进技术的高端设备，能够进一步优化用户的社交临场感。

此外，为了向用户提供更加沉浸的虚拟现实体验，Meta 旗下的虚拟现实团队正在着手研发一款触觉手套。凭借丰富且功能强大的传感器，该手套可以让用户在虚拟世界中感受到真实的触觉。当用户触碰虚拟世界中的某样物品时，可以清楚地感知物品的质量和质感，如图 2-1 所示。

图 2-1　用户以触觉手套接触虚拟场景中的物品

除了 Meta 之外，微软、英伟达、华为等企业都在元宇宙技术领域进行了 XR、芯片等不同方面的技术研发与探索。作为集合了多种先进技术的新形态，元宇宙的发展离不开这些技术支撑方的助力，科技巨头也将成为推动元宇宙发展的重要力量。

2.1.2 内容支撑方：赋能内容创造与开发

元宇宙的发展离不开海量内容的支撑。在这方面，一些企业从内容角度入局，尝试打造多样的元宇宙内容。

2020 年 8 月，说唱歌手 The Weeknd 通过 Tiktok 举办了一场线上演出，吸引了约 200 万名观众观看。在演出中，The Weeknd 以虚拟形象现身，身着红色外套，头戴黑色墨镜，在不断变换的舞台上跳舞。舞台时而被熊熊燃烧的大火包围，时而又身处热带丛林之中。变幻多端的虚拟场景为观众带来了新奇的视觉体验。而这场奇幻的演出就是由虚拟演唱会公司 Wave 打造的。

Wave 最初是一个 VR 演唱会平台，在新冠疫情暴发和元宇宙火爆的影响下，其看到了虚拟演出的巨大商机，逐渐转变成虚拟演出服务商，支持虚拟形象和虚拟场景打造，帮助明星举办虚拟演唱会。这种将演唱会搬到虚拟世界的创新无疑是对元宇宙内容的一种探索，也展示了内容制作公司在元宇宙领域弯道超车的机会。

除了虚拟演出外，元宇宙内容创造还主要体现在游戏领域。其中，知名游戏开发商 Epic Games 就十分重视在元宇宙内容领域的探索。Epic Games 旗下 TPS（第三人称射击）游戏《堡垒之夜》是其探索元宇宙内容的主要阵地，如图 2-2 所示。

图 2-2 《堡垒之夜》游戏界面

《堡垒之夜》是一款玩法多样的射击类游戏。在游戏中，玩家不仅要学习跳伞、使用枪支等，还可以通过收集来的资料搭建房屋，以此地域攻击，或者创建自己的岛屿。而在探索元宇宙内容的过程中，Epic Games 在《堡垒之夜》中融入了许多元宇宙元素。

例如，《堡垒之夜》上线了创意模式的创造玩法，玩家可以在自己的岛屿中随意建造、设计游戏。同时，《堡垒之夜》融入了更多的社交元素，支持玩家在游戏中畅聊、共同设计游戏、参加多样的小游戏等。此外，2020 年 4 月，Epic Games 携手说唱歌手 Travis Scott 上演了一场精彩绚丽的虚拟演唱会，该演唱会不仅为玩家带来了身临其境的沉浸式音乐体验，还将游戏中的公共空间进一步放大，展现了虚拟世界的无限潜力。

和科技巨头相比，元宇宙领域的内容支撑方可能在技术方面的优势并不明显，多是在原有业务上进行元宇宙内容方面的拓展。但正是基于游戏内容优势、用户优势等，这些企业在布局元宇宙方面同样占据了先机，是元宇宙产业中的重要组成部分。

2.2 产业链全景：上、中、下游加深融合

元宇宙产业链涉及多种技术和多个领域。在上游，聚集着大量的技术厂商，提供元宇宙相关的硬件和软件支持；在中游，内容运营与分发领域也吸引着越来越多的企业以 VR 内容分发平台入局；在下游，元宇宙应用从游戏和社交逐步向更多领域扩展。

2.2.1 上游：软硬件规模庞大

元宇宙的硬件和软件环节是元宇宙产业的上游，硬件包括芯片、传感器、光学器件等零部件及各种整机设备；软件包括各种系统软件和开发软件。在这一领

域聚集着大量的硬件与软件供应商。

在元宇宙硬件方面，歌尔股份是我国实力强劲、可以提供一站式解决方案的厂商，具备领先的精密制造能力。其提供包括 VR 光学器件、AR 光学器件、扬声器模组等硬件设备，以及 VR/AR 头显设备、VR 手套、4K 360°摄像头等产品。

自元宇宙暴发以来，在硬件方面极具优势的歌尔股份获得了较大发展。其发布的 2021 年半年度报告显示，公司上半年营收达 302.88 亿元，同比增长 94.49%，其中，VR/AR 等智能硬件业务获得火热发展，营收达 112.10 亿元，收入占比达 37.01%。

除了歌尔股份外，舜宇光学也是这一领域的重要玩家。其研发的 AR/VR 视觉模组实现了量产，同时，VR 类镜头、镜片和 3D 交互式镜头在其业务中的占比也在不断提升。此外，舜宇光学还研发了光学引擎、VR 显示模块、AR 彩色波导片等元宇宙相关硬件。

元宇宙软件是硬件的核心驱动力。在软件的赋能下，硬件才能发挥价值。其中，系统软件支撑硬件的运行，开发软件为用户的设计、建模设计等提供支持。

1. 系统软件

Android 和 Windows 是当前主流的两大操作系统。其中，VR 一体机的操作系统大部分是在 Android 系统的基础上进行定制的，包括一些品牌机型的定制的 UI 仍然是基于 Android 系统的。而 VR 分体机则主要依靠主机操作系统 Windows MR，其中，头显主要进行感知交互，计算处理和内容则在主机上运行。两大操作系统支持的部分 VR 品牌和 VR 头显如表 2-1 所示。

表 2-1 Android、Windows 支持的 VR 品牌和 VR 头显

操作系统	VR 品牌	VR 头显
Android	Oculus	Oculus Quest/GO
	NOLO	NOLO X1
	The VIVE	VIVE Focus 系列
	PICO	Pico G/Neo
	奇遇	奇遇 2s/pro
	大朋	大朋 P1 pro

续表

操作系统	VR 品牌	VR 头显
Windows	惠普	惠普 Reverb
	戴尔	VISOR RM
	3Glass	蓝珀 S1

2. 开发软件

在开发软件方面，聚集着很多世界知名的技术厂商和刚刚进入的新秀企业。以开发引擎为例，当前业内比较受欢迎的引擎主要有 Epic Games 公司旗下的 Unreal，以及实时 3D 内容创作平台 Unity。目前，两个引擎在游戏制作、工业设计中已有诸多应用。在虚拟场景的渲染方面都十分逼真。

此外，市面上也出现了 Cocos、白鹭等通用型引擎工具。虽然这些引擎在性能和渲染效果上还存在进步空间，但也意味着已经有越来越多的企业开始关注元宇宙软件研发，并进行了相关探索。

未来，随着元宇宙硬件和软件领域规模的扩展，元宇宙相关设备也会变得越来越智能，为用户提供更便捷、更优质的体验。

2.2.2 中游：内容运营+平台分发

元宇宙产业中游聚集着多领域的企业，着眼于元宇宙内容运营和平台分发，合力推动元宇宙内容的繁荣。具体而言，该产业环节聚集的企业主要包括以下 3 种，如图 2-3 所示。

图 2-3 元宇宙产业中游聚集的企业

1. 游戏公司

游戏领域中的 Roblox、Epic Games 等知名游戏公司已经通过平台、开放引擎等搭建起了内容生态闭环，能够以多样的游戏内容留存用户，并吸引消费。

以 Epic Games 为例，其推出了旗下游戏平台 Epic Games Store。在游戏开发方面，平台能够以开放的虚幻引擎赋能开发者在平台中开发游戏，同时为游戏开发者与玩家搭建了沟通社区，不断激活平台活力。同时，在内容分发运营方面，其也积极引入全球范围内的知名 VR 游戏，打造丰富的内容生态。

2. 科技巨头

除了游戏公司外，一些科技巨头也早早进入了内容赛道，搭建起了自己的 VR 内容分发平台。老牌科技巨头 HTC 就是其中的翘楚。HTC 推出了旗下 VR 分发平台 Viveport，目前已经上线近千款 VR 游戏和 VR 内容。在此基础上，HTC 也十分重视搭建开发者生态，设立了 Vive X 基金，鼓励开发者进行创作。

3. 运营商

元宇宙的发展与网络通信技术密切相关，以网络通信技术为优势的 3 大运营商也是元宇宙内容赛道的主要玩家。

当前，中国移动旗下负责数字内容生产的公司咪咕已经在元宇宙赛道上布下先手棋，发布了行业首个体育数智达人"Meet GU"，可实现沉浸式实时互动，进行体育赛事播报。中国电信也将围绕产品研发、应用创新等方面，推进云AR、云 VR、云游戏等方面的合作，推动元宇宙场景落地。此外，中国联通也已经成立开元工作室，瞄准虚拟数字人开发、虚拟偶像孵化等，打造元宇宙社区平台。

2.2.3 下游：场景入口不断扩展

元宇宙下游聚集着各种各样的应用。从发展趋势上看，其应用呈现从游戏和社交两个领域逐渐向其他领域扩展的趋势。

　　游戏与社交是企业在推进元宇宙场景落地的两个核心赛道。成熟的元宇宙需要为用户提供虚拟身份、虚拟空间、沉浸式体验、自由创作等功能，而一些游戏或社交产品已经在一定程度上具备了以上功能，能够带给用户一种类似元宇宙的体验。同时，游戏与社交领域的企业也可以依托自身的用户优势，为研发的元宇宙应用引流。

　　在游戏领域，诸多游戏厂商已经纷纷布局元宇宙，进行元宇宙游戏产品的研发。如世纪华通已经在沙盒游戏平台 Roblox 上推出了元宇宙游戏 *LiveTopia*；完美世界正在探索虚拟宠物类游戏；中手游正在研发古风元宇宙游戏《仙剑奇侠传：世界》等。

　　在社交领域，也有很多科技巨头展开了探索。例如，Meta 升级了旗下 VR 社交应用 *Horizon Worlds*；年轻人的社交元宇宙 Soul 也在不断迭代功能，赋予用户更多的自由社交体验；而百度已经率先一步推出了元宇宙社交软件"希壤"。

　　元宇宙应用集中落地于游戏和社交两大场景，但并不止于这两个场景。在游戏与社交领域之外，元宇宙的应用场景正在不断拓展，逐渐向办公、教育、购物、旅游等更多场景蔓延。

　　例如，在办公场景中，元宇宙能够打造一个实时互动、沉浸式沟通的虚拟空间，人们可以通过虚拟化身在虚拟办公场景中与同事"面对面"交流、协作办公；在教育场景中，元宇宙的落地使得教学场景不再拘泥于传统的教室和教具，可以将虚拟的教学场景生动地展示在师生面前；在购物场景中，元宇宙能够实现商品的虚拟全景展示，甚至打造出与现实结合的虚拟购物场景，为人们提供更优质的购物体验；在旅游场景中，人们可以借助 VR 设备足不出户游览各地名胜古迹。同时，在景区游玩时，也可以与 AR 显示的各种虚拟场景互动，大大提高旅游的趣味性。

　　未来，随着元宇宙全产业链的发展和逐步融合，元宇宙相关应用将变得更加丰富，其落地场景也会遍布更多细分领域，变革人们生活的方方面面。

2.3 市场空间：带来万亿级增量空间

当前，全球元宇宙仍处于行业发展的初级阶段，但从中长期发展来看，元宇宙将开启广阔的虚拟世界，为互联网行业带来新的增量。在这一发展趋势下，企业要依据自身优势找到合适的布局点，抢夺撬动市场红利的先机。

2.3.1 突破移动网络局限，打开新的蓝海市场

在互联网发展的数年来，人与人、人与社会的关系呈现线上化、数字化的趋势，诸多科技巨头凭借这一转变下的红利纷纷崛起。在互联网发展红利逐渐衰退的当下，科技巨头开始探索未来数字生活的新形态，挖掘新时代下的新商机。而元宇宙作为一个十分具有潜力的数字愿景，受到了诸多科技企业的关注。

元宇宙是未来社会生活广义数字化的总和，以三维立体化场景、用户 UGC 创作、联通现实的经济体系等为特点，在 XR、AI、5G 等技术的驱动下逐渐向社会生活的方方面面蔓延，最终实现人类的数字化生存。

当前，娱乐、办公、消费等人们生活的很多方面都已经实现了从线下到线上的转型，而在未来，随着元宇宙的发展，人们生活的这些方面将逐渐向着虚拟世界进军。在这一趋势下，元宇宙将带来极大的产业机遇。

短期来看，科技公司可以在游戏、社交、终端设备、虚拟数字人等元宇宙相关细分赛道上持续探索，挖掘细分领域红利；中长期来看，元宇宙将开启更大的市场空间，带来企业价值的重塑。

在人们社会生活逐渐转向虚拟化，向元宇宙进发的过程中，企业越早入局，越能够抢占先机，轻松撬动更大市场。

2.3.2 合理布局，赢得元宇宙时代主动权

当前，传统互联网红利已经开始呈现出消退态势，而元宇宙的发展为互联网企业点燃了新的希望，诸多科技巨头纷纷开启了探索元宇宙的步伐。具体而言，各大企业基于自身优势、行业现状等，布局元宇宙的模式可以分为以下 3 种，如图 2-4 所示。

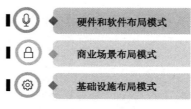

图 2-4　企业布局元宇宙的模式

1. 硬件和软件布局模式

科技企业只有掌握核心技术，才能在竞争中获得主动权。当前科技巨头对于元宇宙领域核心技术的布局主要体现在硬件和软件方面。从硬件来看，英伟达、高通等企业加快推动 GPU 芯片发展；Meta、苹果、字节跳动等企业加速在这一领域布局。从软件来看，Meta 和谷歌在虚拟现实操作系统上展开激烈竞争。

2. 商业场景布局模式

互联网领域往往容易形成垄断的产业生态格局。未来，越来越多的社会活动将在元宇宙中进行，并且能够实现更大规模的场景连接。对于元宇宙带来的这一巨大商业机遇，许多互联网巨头纷纷凭借其既有优势，加快对社交、电商等元宇宙应用场景的布局。Meta、腾讯等企业加速布局元宇宙社交，亚马逊、京东等企业则向着元宇宙电商平台发力。

3. 基础设施布局模式

运营商在元宇宙赛道上具有十分重要的作用。元宇宙对网络传输、数据存储等基础设施提出了更高的要求，而运营商则是提供这些设施的主力。当前，我国

三大运营商已经看到了元宇宙的巨大商机，联合成立了元宇宙行业协会，携手推进元宇宙相关业务发展。

同时，各大运营商也各自找到了聚焦点，搭建元宇宙基础设施。如中国电信启动了"盘古计划"，以 5G 创新应用为元宇宙赋能；中国移动聚焦元宇宙算力网络，推进"即取即用"的算力服务体系建设；中国联通则瞄准 VR 产业发展，夯实数字底座。

当下，元宇宙的风口已来，企业需要分析自身优势，找到适合自己的布局模式，更快地搭建元宇宙发展脉络，以便在市场竞争中占据先机。

第 **3** 章

实现路径：多种技术集成元宇宙生态

元宇宙超级数字生态的形成离不开多种技术的加持，表现在认证机制、交互界面、网络环境、内容生产、信息加持等多个方面。在各方面多项技术的支持下，元宇宙才得以实现。

3.1 认证机制：区块链定义数字身份与虚拟资产

在元宇宙中，人们的身份、资产等都会以数据的形式存在、存储并流通，这意味着，元宇宙需要有可靠的安全认证机制，来保障所有数据的安全。在这方面，区块链能够为元宇宙提供安全支撑，保障元宇宙的去中心化运行。

3.1.1 区块链的四大作用

对于元宇宙而言，区块链主要可以提供四大作用，分别是数据存储、数据处理、保障数据安全和数据应用。

1. 数据存储

区块链的本质是一个分布式账本，搭建起了一个分布式数据库，具有数据存储的作用。一项数据产生并经过各节点的确认后，便会被存储于分布式账本中。同时，在分布式账本中，每一次数据的变动都需要所有节点的确认，并会留下记录，便于进行数据追溯。

2. 数据处理

区块链形成了海量数据的处理机制。由于区块链体现了分布式的结构，每个节点都可以进行数据记录，这使得区块链中的节点越多，就越难以达成统一。而区块链的共识机制能够解决这一问题，依托共识机制，各节点通过争夺记账权的方法保证意见的统一，有效实现了数据处理。

3. 保障数据安全

数据存入区块链后，打包好的数据会通过密码学中的哈希算法处理成链式结构，后一个区块包含前一个区块的哈希值。哈希算法是单向性且不可篡改的，因此数据只要存入区块链就不可篡改且可追溯。此外，区块链中各节点也可以通过非对称加密的方式对数据进行加密，从而保障数据安全。

4. 数据应用

数据除了在区块链中存储外，还会在其中流通，而区块链的智能合约能够破解交易中的信任问题，助力数据应用。凭借智能合约，交易双方可以将各种条件约定好，并转化为代码交由智能合约程序执行。其能够自动验证交易者的身份，并在合约条件达成时自动执行合约。

3.1.2 区块链为元宇宙提供去中心化支撑

总体而言，区块链能够为元宇宙的去中心化运行提供支持。这主要体现在以下两个方面。

一方面，区块链能够实现数据的去中心化。当前，信息技术的普及不仅为人们带来了便捷的服务，也增加了个人信息泄露的风险。科技巨头在为人们提供各种应用服务的同时也收集了大量的个人数据，而这些数据在存储、使用的过程中存在数据泄露的风险。

这样的问题在元宇宙中同样会存在。当用户将个人身份数据、资产数据存储于元宇宙平台时，一旦平台遭到不法分子的攻击，用户的身份数据、数字资产等就会被窃取。因此，在元宇宙中保障数据安全显得十分重要。

去中心化运行的区块链能够有效保障数据安全。存储于区块链中的数据不可篡改，数据的传递也可以追溯，能够实现数字身份的确认和数字价值或权益的流通。同时，去中心化存储可以实现用户的数据归用户所有，平台或者其他人不可篡改或使用。即使有第三方想要使用用户的数据，也需要经过用户的授权。

另一方面，区块链可以搭建起去中心化的网络基础设施，保障整个元宇宙世界的稳定运行。在科幻电影《失控玩家》中，主角以 NPC 的形式生活在一个虚拟世界中，而在他意识觉醒、想要奋起反抗后，反派却可以通过破坏虚拟世界的服务器来尝试阻止主角。这种现象无疑显示出了中心化系统的弊端，一旦中心化服务器被攻击，整个虚拟世界将烟消云散。

而区块链以去中心化的形式运行，没有中心服务器的存在，所有数据都可以以去中心化的形式被存储、计算和传输。其可以搭建起元宇宙的去中心化的网络基础设施，避免元宇宙世界因遭受攻击而毁灭。

3.2　交互界面：XR 实现虚实交互

用户从人机交互界面进入元宇宙，而 XR（扩展现实）则是实现沉浸式人机交互、连接现实世界和虚拟世界的关键技术。随着 XR 技术的发展，相关设备与内容也实现了大迈进，得以为更多用户提供多样的元宇宙体验。

3.2.1　XR 生态逐步成熟，内容与应用百花齐放

XR 指的是通过计算机技术、智能硬件设备等产生的一个虚拟与现实结合、支持人机交互的环境，包括 AR、VR 和 MR（混合现实）等多种形式。其中，AR 是通过手机、AR 眼镜等设备增强了现实，将虚拟的数字内容导入真实环境。VR

是通过 VR 头显设备复制或创造出一个虚拟世界，让用户完全沉浸在虚拟世界中。而 MR 指的是虚拟世界和现实世界融合后产生的新环境，其中的用户可以与虚拟场景进行实时交互。

XR 为元宇宙提供了技术入口。从行业首次暴发到当前的 2022 年，XR 行业中的技术和产品不断迭代，用户体验不断提升。同时，核心技术厂商也在不断布局 XR 生态，为元宇宙的发展奠基。

以高通为例，围绕 XR 业务，其搭建了清晰的发展路径。具体来说，高通利用其在移动通信领域的技术优势，在 XR 芯片、XR 平台、XR 生态等方面进行了布局，加速 XR 业务的落地。

1. XR 芯片

高通针对 XR 设备打造了 XR1、XR2 等专用芯片，覆盖微软 Hololens2、爱奇艺 VR 等 40 多款 XR 设备。同时，高通还提供多种软件与技术套装，并在软件算法端加入了手势追踪、场景理解等功能，为开发者提供强大的性能支持。

2. XR 平台

高通旗下的骁龙 Spaces XR 开发者平台集各种成熟技术和开放的生态系统为一体，同时支持第三方平台拓展。基于这个平台，高通推出了"探路者计划"，目的是让开发者获得平台技术、项目资助、联合营销、硬件开发套件等方面的支持，搭建活跃的开发者社区。

3. XR 生态

在 XR 生态方面，高通成立了 XR 产业投资联盟，以加速 XR 领域的创新和规模化发展。XR 产业投资联盟面向极具潜力的 XR 领域创新创业项目，为联盟成员提供信息交流平台，并促进成员之间的联合投资。

除了高通之外，微软、Meta、字节跳动、百度等科技巨头在 XR 领域均有所布局。未来，这些企业除了将推出更先进的 XR 设备和应用外，还会在不断探索中走向联合，搭建其更庞大的 XR 产业生态。

3.2.2 从 XR 到脑机接口，人机交互面临突破

从当前的发展现状来看，XR 设备在应用中还存在一些问题。例如，当前的 XR 设备较为沉重，长时间佩戴往往会使用户十分疲惫；XR 创造出来的虚拟环境虽然支持用户自由移动，但味觉、嗅觉的感官体验在当前还是缺失的，在拟真的刺激环境下，用户也难以感受到真实的失重感、爬升时的压迫感等。这些都表明，XR 技术在未来还有很大的发展空间。

一方面，XR 设备的质量将在未来大大减轻，或许当前的 AR 或 VR 头显都可能在未来以隐形眼镜的形式出现。在 2022 年国际消费电子展中，InWith 公司表示已经研发出一款隐形 AR 眼镜，佩戴该产品的用户可以自然过渡到奇幻的虚拟世界。另一方面，XR 设备将在未来越来越智能，除了自由地动作体验外，还将融入触觉、嗅觉、味觉、痛觉等，颠覆当前人们在虚拟世界中的体验。

而从长远来看，借助各种硬件设备的 XR 人机交互有望在未来被脑机接口所取代。许多科幻作品都已经对脑机接口场景进行了描绘，大脑与电脑连接后，人们可以在虚拟世界中自由获得信息、开展社交，拥有多维感官体验。同时，脑机接口可以实现用意志控制虚拟化身的行动，用户可以在虚拟世界中自由行动，随心所欲地进行交互，实现更自由的操作。

当前，一些高校和科技公司已经开展了在脑机接口方面的研究，并进行了一些相关尝试。未来，随着技术的不断进步，逐渐完善的机脑机口应用有望取代 XR 设备，成为下一代人机交互方式。

3.3 网络环境：5G 助力元宇宙运行

作为当下热门概念之一的元宇宙整合了多种新型通信技术，5G 毫无疑问是元宇宙技术体系中的关键一环。5G 的进步为 AI、XR 等技术在元宇宙各种场景中的

应用打下基础，助力元宇宙运行。

3.3.1　5G+AI 打造智能网络

5G 是第五代移动通信技术的简称，具有高速率、低时延、大连接的特点。5G 是当代最新型移动通信网络，不仅解决了通信问题，还为用户提供 VR、AR、3D 视频等沉浸式业务体验，更满足了移动医疗、智能家居、工业生产等物联网应用需求。随着 5G 的不断进步，它将渗透到人类社会的各行各业，成为支撑社会经济数字化、智能化转型的关键。

AI 同样是元宇宙技术体系中的关键一环。AI 指人制造出来的机器所表现出的智能，通常由计算机设备来呈现。在元宇宙中，虚拟数字人、数字孪生、智能化生产等多个领域都离不开 AI 的支持。

在大数据时代，如何将数据收集、分析、提炼，用于改善社会生活，是 AI 的基础。元宇宙作为人类社会未来发展的方向之一，5G 的出现很大程度地加快了它发展的进程。5G 与 AI 的结合，是未来智能互联的基础，二者是打造智能网络的两种核心技术。

例如，5G 与 AI 结合应用的光场捕捉，在沉浸式娱乐体验上具有明显的优势。比如，不擅长赛车的用户想要体验赛车冠军的速度，可以戴上 XR 眼镜，在使用 5G 超高速传输和 AI 技术之后，就能体验赛车上纵横驰骋的快感。这样的沉浸式体验，为很多行业提供了新的商机。

除此之外，在城市视频监控领域，"5G+AI"也将大有作为。智慧城市是未来元宇宙城市建设的一个重要发展方向。未来"5G+AI"在城市视频监控领域的应用，将打通不同城市管理部门之间的数据壁垒，高效助力元宇宙智慧城市建设。AI 的深度学习能力可以将传统监控流程的事后复核转变成事前预警，5G 降低时延，使监控画面更加高清，二者共同助力城市指挥中心平台做出更及时、更准确的决策。"5G+AI"将为元宇宙智慧城市建设添砖加瓦。

在未来，5G 与 AI 的结合将在智能网络领域创造许多新岗位，提供众多新商机。元宇宙赋能千行百业，"5G+AI"大大拓宽了众领域智慧连接的需求，这既是元宇宙带来的机遇，又是新时代的挑战。

3.3.2 5G+XR 提升人机交互体验

XR 指的是扩展现实，包括 AR、VR 和 MR，它是元宇宙虚实结合的核心交互技术。XR 作为新兴业务，在要求高速率与低时延的同时，要保证大带宽，这就对 5G 提出了新的要求。5G 需要更多的网络优化手段，保证其具备大规模支撑 XR 的能力。

传统的 XR 需要使用沉重、移动范围有限的有线设备，例如 VR 头盔等。用户无法穿戴如此沉重的设备外出，体验范围仅仅局限在房间内。而且如此沉重的设备造价十分高昂，对电量和网速的要求也较高，严重超出普通用户的承受范围。除此之外，传统的 XR 设备经常出现画面卡顿、画质模糊、眩晕等问题，极大影响用户的沉浸式体验。

5G 采用边缘计算，让云端的计算、存储能力、内容更接近用户，保障低时延的同时提升用户体验。此外，得益于 5G 大带宽的优势，终端的计算功能可上移至云端，降低 VR 头盔等设备终端的成本，同时使其更轻量化、更省电、更省流量。这种新型模式将使 XR 摆脱沉重的设备负担，降低使用成本。用户可以戴着无线设备随意外出使用，从而推动 XR 应用普及。而且，得益于 5G 的高速率与低时延，3D、4D 甚至 8K 的画面都可以在设备中清晰稳定地播放，不会出现画质、画面的问题。

在 2020 年世界 VR 产业大会上，影创科技推出一款头手 6DoF MR 眼镜"鸿鹄"。"鸿鹄"搭载骁龙 XR2 平台，利用 5G 技术，采用全自由手势操作，为用户提供更自由、更人性化的沉浸式体验。"鸿鹄"能充分满足用户的多场景需求，并且在教育、文旅、交通等经济社会重点领域将发挥深度作用。未来，MR 眼镜将会成为继手机、电脑之后的新一代移动网络平台，而"鸿鹄"将会成为 MR 眼镜发展历史中的重要里程碑。

作为 5G 赋能下重要的应用场景之一，XR 的发展进程一直备受关注。随着未来 5G 规模的不断增大，数字经济建设的逐步加码，XR 的发展势头势不可挡。"5G+XR"会全面改变人机交互方式，开拓更多应用场景，为用户带来更多的新鲜体验。

3.4 内容生产：数字孪生+游戏引擎+AI

元宇宙中的内容是多样的，既有根据现实世界中的内容复刻的内容，也有用户自由创造的奇幻虚拟内容，还有 AI 智能补足的元宇宙内容。在以上三方面的助力下，元宇宙的内容将不断丰富，边界也将不断扩展。

3.4.1 数字孪生虚实联动，实现现实向虚拟的复刻

数字孪生自诞生之初就引起了许多国家的关注，也是许多国家科研的重要方向。2012 年，NASA（美国国家航空航天局）为数字孪生下了一个定义："数字孪生是指充分利用物理模型、传感器、运行历史等数据，集成多学科、多尺度的仿真过程。它作为虚拟空间中对实体产品的镜像，反映了相对应物理实体产品的全生命周期过程。"简单来说，数字孪生技术可以根据现实中的物体、场景等搭建起与现实连接的数字孪生体，实现现实场景在虚拟世界的复刻。

数字孪生搭建起的数字孪生体并不是静止的，而是具有生命周期的对象，形成的是动态的演进过程。因此，数字孪生形成的并不是一个单一的虚拟场景，而是体现了一个数字孪生的时空。

数字孪生技术将在元宇宙虚拟世界的搭建中起到重要作用。当前，已经有历史学家通过激光扫描仪创建了一个大教堂的数字模型。而某设计师也曾依据自己对巴黎圣母院的研究调查，在虚拟世界中 1∶1 重现了巴黎圣母院。这些数字模型彰显了数字孪生技术的价值，也反映了其在元宇宙搭建过程中的巨大潜力。凭借

数字孪生技术，现实中的一座建筑，甚至一座城市等都可以在元宇宙中实现，在元宇宙中复刻现实世界也将成为现实。

未来，这种复刻现实世界场景的内容将成为元宇宙内容的重要组成部分，数字孪生技术也将随着元宇宙的发展得到更广泛的应用。

3.4.2 游戏引擎赋能用户，UGC暴发

UGC（User Generated Content，用户创造内容）起源于互联网行业，指的是许多平台为了用更丰富的内容吸引用户，往往会支持用户在平台中自由创作，最终带动平台内容和用户的持续增长。

在元宇宙中，UGC显得更为重要。一方面，UGC的不断增长是元宇宙内容不断丰富、边界不断扩展的重要驱动力。在UGC的支撑下，能够更迅速地形成丰富的元宇宙生态，吸引更多用户前来体验，从而推动元宇宙的不断发展。另一方面，元宇宙中用户以创作获得收益、积累数字资产，是元宇宙经济体系中的重要组成部分。如果用户不能在元宇宙中自由创作并以此获得收益，那么元宇宙的核心吸引力也无从谈起。即便具备了超强的沉浸感，虚拟世界也只是一场大型游戏，难以转化为人们生存的新空间。

基于以上原因，元宇宙中实现UGC创作是十分重要的，而赋能用户创作的工具就是游戏引擎。以沙盒游戏Roblox为例，其不仅为用户提供自由体验的虚拟空间，也拥有引擎平台Roblox Studio。基于此，用户可以在平台中自由创作新游戏、设计游戏玩法和道具等，并以此获得收益。同时，开放的引擎平台也吸引了海量用户参与内容创作，丰富了平台的内容生态。

当前，很多企业都意识到了UGC内容的重要性，并进行了各种尝试。例如，腾讯旗下的天美工作室启动了一项新的游戏项目"Z-plan"，并针对其启动了平台运营、开发者社区等方面的招聘工作，要求应聘者具有搭建UGC平台的能力。通过以上内容可以判断，"Z-Plan"游戏项目包括了开发UGC创作工具的内容。

再如，昆仑万维在2021年收购了游戏引擎GameMaker Studio，同年推出了云

游戏平台 GXC。游戏开发者可以在 GXC 平台通过 GameMaker Studio 游戏引擎支持自由创作游戏，并将作品发布到 GXC 平台。

未来，在元宇宙项目或平台中，开放的 UGC 创作工具将成为必备工具。在产生越来越多的 UGC 创作平台的同时，传统平台也将融入 UGC 创作功能，向着元宇宙的方向进化。

3.4.3 从 UGC 到 AIGC，实现元宇宙内容智能生产

UGC 是用户生产内容的简称，例如 B 站就是知名的 UGC 平台，每位用户都可以在其中自由创作并发布内容。而 AIGC 是指 AI 生产内容，内容的生产主体不再是人类，而是人工智能。

当年 UGC 的兴起，带动许多平台转型。如 B 站最早是动画播放软件，之后才转型为 UGC 平台，目前 UGC 创作内容每年可以为 B 站带来上千万的营收。UGC 为内容产业带来勃勃生机，推动内容产业的快速发展。

而随着元宇宙的发展，内容产业也迎来数字化转型的关键时期。AIGC 是实现元宇宙内容智能生产的核心。它将内容产业的繁荣推向一个新的高度。

例如，近年大火的虚拟数字人是 AIGC 的典型代表。百度推出了虚拟偶像"希加加"，她不仅具备读写能力，同时基于 AI 技术配备面部表情和肢体动作表达能力，她能够像现实世界中的人一样进行交互行为。更为重要的是，"希加加"能够进行自主学习及知识迭代，还可以基于 AI 技术自行创作内容。目前，"希加加"已经成功创作多首歌曲，在粉丝群体中有了一定的传唱度。

如今，虚拟数字人已遍布各行各业，有央视新闻 AI 手语主播、银行信用卡 AI 客服、天猫虚拟带货主播等。这些基于 AI 技术生成的虚拟数字人，在不同领域都可以自行生产内容，为不同应用场景提供服务。

从 AI 写作、AI 绘画到虚拟数字人，AIGC 火热兴起的背后是用户的内容需求得不到满足，需要内容产业升级迭代。相比 UGC，AIGC 是内容生产工具的变革，它对于内容产业的影响更大。

首先，传统的 AI 技术所使用的小模型通用性较差，只能适用于特定场景；其次，小模型的自动性较差，需要人工调整参数；最后，小模型需要大量数据支持，耗费大量成本。而随着元宇宙的发展，小模型迭代为大模型，这也是 AIGC 的基础。它是大数据集和云计算的集合，通用性强、自动化程度高、无须标注大量数据。以往的 AI 写作、AI 绘画所使用的都是小模型，而虚拟数字人使用的则是大模型，换言之，虚拟数字人更加聪明，所产出的内容更能满足用户的需求。

总之，AIGC 将为内容产业带来巨大变革。它可以提高内容生产效率，丰富内容生产的多样性，提供可交互的个性化、定制化内容。同时，AIGC 也可以降低内容创作门槛，实现大规模应用，弥补内容生产缺口，助力元宇宙内容智能生产。

3.5 信息加持：数据智能+社会计算

元宇宙生态体系的搭建需要信息技术的加持。基于大数据引擎，对海量数据进行处理、分析、挖掘的数据智能技术及面向社会科学的社会计算技术，都是支撑元宇宙构建智能信息链的关键技术。

3.5.1 数据智能：赋能信息管理与创造

如今，新一轮科技革命被广泛开展，数据正在成为各个行业的宝贵财富，推动各行业实现数字化转型，助力社会治理创新发展，催生出大批新业态。目前，大部分企业已经认识到数据价值；不仅注意收集并存储自身业务产生的数据，也开始大量购买外部数据，希望快速挖掘数据价值，弥补自身不足，获得发展机遇。

从 2019 年开始，大数据与业务决策阶段融合，也就是说，由以往的机器形成数据报告，人工进行决策，变为由机器直接做出决策。例如，在外卖行业，系统可以直接形成最佳调度方案，将任务下发给骑手，从而提高调度效率。随着这种模式在企业业务场景中被推广开来，大数据开始向数据智能化阶段迈进。

数据智能指的是以数据作为生产资料，通过数据处理、机器学习、人机交互等技术，从大量数据中提炼、发掘关键信息，从而为人们的决策提供数据智能支持，减少或消除不确定性。数据智能常应用于商业决策阶段，它让机器具备了推理能力，可以自动根据数据处理结果得出最佳方案，从而让企业业务运转更加高效。

未来，随着处理数据的技术更加成熟，大数据会逐渐参与业务重塑的过程。很多业务环节不再需要人参与其中，而是都能由机器自动实现。同时，人机协同领域也会迎来迅猛发展，从目前的人工智能向人类智力增强转变。

伴随着元宇宙的发展，数据智能将从现实世界逐步应用到虚拟世界中，赋能元宇宙管理与创造。使机器具备推理能力和自动管理能力的数据智能可以与虚拟数字人紧密结合，让虚拟数字人变得更加智能。当用户在元宇宙中进行各种经营活动时，可以雇佣智能虚拟数字人生产产品、管理店铺等。即使用户下线，智能虚拟数字人也可以在元宇宙中继续工作。

3.5.2 社会计算：跨界信息连接虚拟与现实

社会计算是社会科学与计算科学的交叉融合。从广义上说，它指的是面向社会科学的计算理论和方法。从狭义上说，它指的是面向社会过程、社会结构、社会活动、社会组织及其作用和效应的计算理论和方法。

社会计算的目的是连接社会问题与计算技术，从理论、实验、应用等各个层面突破社会科学与计算科学融合的困难。因此，社会计算有三部分任务：第一，在深入理解当前社会问题的基础上，为解决社会问题建立统一的科学基础模型和理论框架；第二，研究与社会相关应用的建模与计算方法，为解决社会问题提供理论和技术支撑；第三，深化学科交叉研究，为互联网背景下的社会科学提供新的研究方法，推动解决社会问题的方法的创新和突破。

社会的计算的本质是用技术研究人。以前的社会科学研究需要进行大量的实验，但能请来做实验的人很少，而且很难控制这些人的行为。而现在将计算技术与社会科学结合后，就可以不用专门请真人来做实验，而可以使用积累的历史数据，如浏览记录、购物记录等来模拟实验。另外，这些数据在计算机和统计学的帮助下，可以在最大程度上消除偏差，控制变量，从而更高效地进行实验。

社会计算让社会科学的研究更加方便、客观，它将虚拟与现实连接起来，用客观的数据表现出了人的活动和行为，以此指导解决社会问题，从而为元宇宙社会治理奠定基础。

实 践 篇

伴随着资本的加持和巨头的涌入，元宇宙概念逐渐蔓延，并在诸多领域产生了实践案例。

本篇聚焦元宇宙主要落地的虚拟数字人、游戏、社交、教育、治理、办公、制造、电商等领域，讲解各领域的实践动向、实践方法、企业可行的入局路径等，为企业进军元宇宙提供有效指导。

· 第 **4** 章 ·

虚拟数字人+元宇宙：连接虚拟和现实

虚拟数字人并不是新鲜概念，最早可追溯至计算机动画诞生时期。而在元宇宙概念火热的当下，虚拟数字人也与时俱进，有了新的形象与使命。清华大学新媒体研究中心执行主任沈阳介绍："虚拟数字人是现实与元宇宙场景连接的重要媒介之一。"因为虚拟数字人具有两面性，它既是元宇宙的原住民，又是自然人的数字化化身。虚拟数字人是人类在元宇宙中自我呈现的重要方式，同时也是元宇宙场景中人与人、人与物之间的交互载体。

4.1 虚拟数字人：元宇宙的基础要素

虚拟数字人是元宇宙的基础要素，同时也是自然人在元宇宙中的形象投射。没有虚拟数字人，人类在元宇宙中就无法进行自我呈现，社交、办公等多种场景中的交互也无法实现。没有虚拟数字人的元宇宙就如同没有人类的现实世界。

4.1.1 三大特征定义虚拟数字人

随着科技的发展，虚拟数字人的形象与功能越来越多样，但是形象、功能各异的背后是一致的特征。虚拟数字人在呈现方式上表现为高度虚拟化，依赖图像、语音等多种数字技术形成并运行，同时在行为举止方面体现出高度的拟人化。简而言之，虚拟数字人可以通过虚拟化、数字技术、拟人化三大特征来定义。

1. 虚拟化

目前，虚拟数字人主要以实时直播、动画、图片等形式出现在设备屏幕中，例如手机、电脑等可显示设备。而在未来，VR 设备与全息投影将会成为虚拟数字人呈现的主要方式。

尽管各类虚拟数字人均存在于虚拟世界中，但各场景所需的时间延迟、驱动方式等不同，因此，对技术、运营等要求存在着差异。

2. 数字技术

虚拟数字人是典型的多技术综合产物。除了最常见的 CG 建模与真人实时动态捕捉驱动这一类别，虚拟数字人的核心要点是多模态技术、深度学习。虚拟数字人近年的快速发展得益于语音、图像识别、实时动态捕捉等相关技术的共同成熟。

3. 拟人化

虚拟数字人利用多种技术在外表、行为、交互等方面高度拟人化。例如，在外表方面，虚拟数字人的整体形象与面部特征几乎是自然人在元宇宙中的投射。而在行为方面，虚拟数字人的肢体动作、面部表情等会受到驱动方式、训练数据、模型精度等技术的影响。在交互方面，同现实世界中的自然人一样，虚拟数字人的交互行为包括语音问答、肢体回应等，会受到语音识别、理解及处理水平、大数据知识库等技术的影响。

4.1.2 虚拟化身+多样服务，连接虚拟与现实

虚拟数字人诞生之初仅仅是以动画的形式呈现在世人面前，而随着技术的发展，虚拟数字人的呈现方式越来越多，它为各行各业提供的服务也越来越全面。虚拟数字人与虚拟场景一直被认为会最先成为元宇宙的入口。

集合视觉、语音等多种 AI 技术的多模态交互技术，虚拟数字人可以对人体的形态、表情、动作 1∶1 还原，打造出高度拟人化的数字形象，并具备交互能力。基于此，在各行各业都在进行数字化转型、布局元宇宙的今天，虚拟数字人与多

领域建立密切合作，成为虚拟与现实连接不可或缺的一部分。

虚拟导游、虚拟客服、虚拟偶像等职业的出现，标志着虚拟数字人全面进入人类日常生活。

例如，2021年12月，江南农商银行与京东云合作，推出业务办理类虚拟数字人"言犀VTM数字员工"。与传统数字员工不同，"言犀VTM数字员工"可独立、准确地完成各项业务办理全流程服务，无须人工客服介入。"言犀VTM数字员工"最大的创新之处，是拟人程度极高，交互体验感极强，可以处理各类方言业务，一些普通话不佳的老年人也可轻松使用。

而虚拟偶像"绊爱酱"的出现，则推动了虚拟视频主播这一职业的发展。集成多种先进技术，"绊爱酱"将人类少女的可爱与聪明展现得淋漓尽致，在不少视频网站都收获了众多粉丝。"绊爱酱"的主业是虚拟视频主播，日常会发布一些互动视频和游戏视频。同时，她还与多款游戏建立了合作关系。例如，在2020年，她就与知名手游"Sky光·遇"推出了联名虚拟游戏装备，深受玩家欢迎。

当然，虚拟数字人的应用还会带来各种挑战，例如，安全和隐私的问题，还需要开发相应的防伪和检测技术。而随着自然人与虚拟数字人的边界越来越模糊，一些伦理问题也应该被提上讨论日程。总体来看，虚拟数字人的未来发展趋势是积极向好的。作为连接虚拟与现实的重要部分，虚拟数字人将会为人类的生活带来更多惊喜的变化。

4.2 应用场景：虚拟数字人应用遍地开花

虚拟数字人的应用场景非常丰富，如银行、娱乐偶像、游戏等领域皆有应用虚拟数字人的案例。

4.2.1 银行遇上元宇宙，擦出别样火花

宁波银行是第一家申请元宇宙相关商标的银行。目前，宁波银行已经申请注册了"宁波银行元宇宙""汇通元宇宙""永赢元宇宙"等商标，应用于信用卡、金融租赁等业务。

2021 年 2 月，宁波银行上海分行宣布推出数字员工"小宁"，为客户提供业务咨询和办理服务。小宁能回答 550 个以上的业务问题及由这些问题产生的 3 000 个以上的相关问题。另外，随着运营平台的持续优化，每天"小宁"会新学习 50 个以上的衍生问题。

数字员工"小宁"的形象是一个外形清新、亲和力超高的大堂客服经理，可以主动接待和问候前来办理业务的客户，并进行专业、自然的互动交流。同时，根据客户需求进行自动引导和智能分流，如图 4-1 所示。在后端，"小宁"连接的是银行运营管理平台，客户打开宁波银行 App，"小宁"会化身智能客服，迅速回答理财、借记卡等问题。

图 4-1 数字员工"小宁"

目前来看，银行在元宇宙上的布局主要在虚拟数字人和数字藏品领域。虚拟数字人提升了客户服务体验。数字藏品则针对易于接受新理念的年轻群体，提升他们的消费意愿。

以中国银行深圳分行为例，它运用 3D 虚拟展示、感知交互等技术销售贵金

属。客户可以通过移动终端查看实时形成的虚拟贵金属，并且可以进行多维度查看、虚拟试戴试摆、分享朋友圈等操作，极大地丰富了客户的消费体验。

在元宇宙时代，银行与客户的交互方式将有很大变化。线下办理、人工客服等这些我们熟悉的场景将会逐渐成为历史，取而代之的是虚拟客服、虚拟营业厅等。另外，随着数字资产的价值提高且被普遍认同，数字资产交易和保存可能会成为银行的新业务。

4.2.2 虚拟偶像频频出圈，影响力不输真人明星

如今提到虚拟偶像，大家并不陌生，电商直播、广告、音乐会、综艺节目等，几乎到处都有他们的身影。因此，现在即使不是二次元领域的爱好者，也能说出一两个虚拟偶像的名字，如洛天依、初音未来等。可见，虚拟偶像正在逐渐发展成为一种新兴大众文化。

虚拟偶像的概念起源于 20 世纪 80 年代，英国人创造了一个名为 Max Headroom 的虚拟人物，他参演了多部电影和广告的拍摄。无独有偶，日本动画《超时空要塞》中也出现了虚拟歌姬林明美，她曾发布单曲，并且是公认的世界第一位虚拟偶像。

然而，虚拟偶像虽然诞生时间较早，但该产业在当时并未得到太多关注。直到 2007 年虚拟歌手"初音未来"的诞生才掀起了虚拟偶像的热潮。初音未来是一位永远只有 16 岁，有着绿色头发，扎着双马尾，穿着未来服饰的少女，如图 4-2 所示。她在日本举行的首场 3D 全息投影演唱会，吸引了 5 000 多名观众在现场为她疯狂呐喊。此后在美国、新加坡等地举行的数十场巡回演唱会，皆反响热烈。

走红后的初音未来拥有了巨大的商业价值，不仅成为 Lady Gaga 演唱会开场嘉宾，还与斯嘉丽·约翰逊合作拍摄广告。日本野村综合研究所的数据显示，与初音未来相关的消费金额在 2012 年就突破了 100 亿日元，并且依然在逐年增加。

图 4-2　初音未来

初音未来的成功为市场提供了一种新的造星模式，同时也让资本看到了虚拟偶像巨大的市场价值。一时间，国内外诸多公司开始争先布局。上海禾念推出洛天依，她是中国第一位现象级并且最成功的虚拟偶像，发布过原创歌曲 5 561 首。其中，《达拉崩吧》《普通的 DISCO》等作品成为传唱度极高的神曲。爱奇艺推出虚拟偶像厂牌 RiCH BOOM，并亮相于《青春有你》《中国新说唱》等节目。除此之外，沸点资本、青雨资本、红杉资本等投资机构也是虚拟偶像赛道的重要玩家。

随着用户基数的扩大，资本的不断入局，虚拟偶像的商业应用模式也被挖掘出来。

1. 从品牌代言到直播带货

目前，虚拟偶像的商业变现主要通过 B 端的品牌代言、电商直播合作宣传等及 C 端的游戏、演唱会、周边等实现。

以洛天依为例，她从诞生至今已经与百雀羚、肯德基、三只松鼠、美年达、浦发银行等 10 多家品牌有过合作。当其现身于李佳琦直播间时，淘宝直播在线观看人数一度高达 270 万人。

2. 奢侈品牌的"新宠"

不仅是快消品牌，奢侈品牌对虚拟偶像也非常青睐。法国虚拟网红 Noonoouri，与世界主流奢侈品牌均有过合作，包括 Dior、Versace、Valentino、Giorgio Armani、Calvin Klein 等。

除此之外，Noonoouri 也是时尚杂志封面常客，曾登上过 *Madame Figaro*、*Vouge*、*Glamour* 等杂志封面，活跃于各大主流高端时尚杂志圈，拥有让世界上任何一个真人偶像都羡慕的品牌资源。

从某种程度上来说，虚拟偶像正在取代流量艺人，成为品牌的新选择。相比真人偶像，虚拟偶像有很多优势，包括可塑性高、人设稳定、性价比高、粉丝消费力强等。其中，粉丝消费力强是众多品牌关注的重点，未来，随着 Z 世代逐渐成为社会的消费主力，虚拟偶像也将迎来更好的发展前景。

4.2.3　智能虚拟数字人走进游戏，提升游戏温度

网易旗下的手游《倩女幽魂》发布了虚拟数字人阿初，与其他虚拟数字人不同，阿初是一个互动式虚拟数字人，它可以和玩家随时进行互动，并且所有行为都是人工智能技术实时产生的，如图 4-3 所示。在交流过程中，阿初不仅能和玩家自然对话，还能根据交流意图，做出不同的表情和肢体动作。更重要的是，它还能模仿人的认知能力，斟酌语言和行为，与用户进行情感互动。

图 4-3　阿初

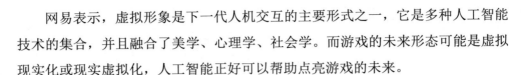

网易表示，虚拟形象是下一代人机交互的主要形式之一，它是多种人工智能技术的集合，并且融合了美学、心理学、社会学。而游戏的未来形态可能是虚拟现实化或现实虚拟化，人工智能正好可以帮助点亮游戏的未来。

网易成立的伏羲实验室是全国首家专业游戏 AI 研究机构，主要进行人工智能在游戏应用中落地的研究，其研究主要分为五大方向，即强化学习、自然语言处理、图像处理、用户画像、虚拟偶像。

在游戏中，人机对战并不受玩家欢迎，原因是电脑行为都是按照规则书写出来的。互动方式程式化，导致传统的人机对战非常无聊，一般玩家在熟悉操作后都会直接跳过人机对战。然而，人工智能的加入可以让游戏角色根据玩家意图做出不同的回应，甚至在人机对战时生成自己的策略，从而让玩家在每一次进入游戏后都可以遇到不同的情况。以《逆水寒》为例，人工智能可以进化出一些人类无法完成的操作，例如，在两个技能之间加一个隐身技能等。

除了智能对话与对战，网易还将高智商变成了现实。网易在《倩女幽魂》手游里上线了智能养育系统，玩家可以在这个系统中养育互动的小孩，有 0 岁、5 岁、12 岁三个阶段的成长过程，最终阶段的孩子可以回答游戏相关的问题，并且能够进行诗歌创作。

除游戏角色智能化外，人工智能技术还可以提升开发者的生产效率。例如，以往让游戏角色动 30 秒大概需要 2 小时的制作时间，而通过网易积累的人物动作数据及人工智能学习技术则只需要 3 分钟的制作时间，大大降低了制作时间。另外，为了降低强化学习在游戏落地上的门槛，伏羲实验室研发了强化学习 SDK，让不懂人工智能技术的游戏开发者也能使用自动学习的神经网络函数。

人工智能在游戏的很多方面都大有作为，包括它可以让游戏的画面更好、体验更好、更懂玩家。同时，游戏的发展也会促进很多新技术的进步，如 CPU 等领域。未来，游戏可能会像《西部世界》一样让玩家完全沉浸在游戏构建的实践中，甚至在交互时分不清虚拟 NPC 和真人玩家。

4.3 入局之路：ToG、ToB or ToC

关于虚拟数字人，企业可以从三个方面入局，分别是 ToG（To Government，面向政府），即为数字政府和数字城市提供支持服务；ToB（To Business，面向企业），即为企业提供虚拟员工解决方案；ToC（To Consumer，面向个人），即为个人用户提供定制化服务。

4.3.1 ToG：提供社会治理的数字政府和数字城市支持服务

以虚拟数字人应用提高政府服务水平是各地政府加速数字化转型、建设数字政府的重要手段。在这个过程中，企业可以寻求政府合作，为政府提供专注于政府服务的虚拟数字人解决方案。

在这方面，追一科技就与政府合作，为大连市税务局量身打造了虚拟数字人"塔可思"。"塔可思"可以为大连数百万纳税人提供咨询、办理、查询等多方面的服务，逐渐成为深受人们喜爱的"税务网红"。

"塔可思"拥有亲和的形象、专业贴心的服务能力，可以通过税务网站、自助终端等涉税服务入口，与用户"面对面"交流，引导用户办理各种业务。在解答最新税收政策、提供便捷办税路径、处理综合性税务服务等方面，"塔可思"都可以为用户提供贴心服务。

自"塔可思"上岗以来，其承接的线上业务达到了全部线上业务的一半，各项事务的平均办理时长也大大缩短，有效提高了用户的服务体验和满意度。同时，大连市税务局服务厅的实体窗口大大减少，超过一半的窗口人员实现了工作职能转换，服务成本得到进一步降低。

大连市税务局数字服务能力的提升离不开追一科技的助力。为了打造专业、逼真的"塔可思"形象，追一科技将虚拟数字人技术和税务服务场景紧密联系在一起。"塔可思"需要学习税务客服人员的声音、表情、动作等,并通过多模态推理引擎实现真人复刻,达到栩栩如生的效果。

同时,在互动交流方面,追一科技赋予了"塔可思"深度学习的能力,使其可以持续学习专业化的税务业务知识,并且实现多种场景问答、多轮对话交互等。同时,搭载追一科技先进的事务图谱能力,"塔可思"可以进行逻辑推理和条件判断,处理复杂的税务场景问题。

虚拟数字人在政府服务方面拥有很大的应用潜力,潜藏着巨大商机。企业可以以追一科技为范例,携手政府,推出定制化的虚拟数字人解决方案。

4.3.2 ToB:提供企业级虚拟数字人解决方案

各行各业都需要虚拟员工,它们不仅成本低,而且可以 7×24 小时工作,在媒体、轨道交通、医疗、零售等多领域都非常有应用前景。

例如,虚拟员工可以在博物馆充当智能讲解员,为参展者介绍馆藏文物、历史故事等内容,帮助参观者更加深入地了解文物与历史。除讲解外,虚拟员工还可以回答参观者的游览咨询问题,将真人讲解员从重复的工作中解放出来,进行更多富有创造性的工作。

标贝科技推出了首款 AI 虚拟数字人解决方案,面向企业客户,可应用在金融、零售、文化旅游、医疗等领域,并结合不同的硬件终端和场景,进行智能化拟人工操作,为企业降本增效,释放更多的人力。

1. 自定义场景内容

标贝科技的 AI 虚拟数字人解决方案,可以让虚拟员工开口说话,实现图文解说、问答咨询等功能。不同企业客户可以根据场景内容配置平台,自定义场景内容,设置图文展现时间与展现位置,在博物馆、展馆、企业服务、商品推介中都可以应用。

2. 7×24 小时互动

企业的发展历程不断更新迭代,会产生巨大的信息量,想让真人员工事无巨细地了解企业动态，着实不是一件易事。而虚拟员工具备强大的知识库能力，可以掌握企业所有信息，并且 7×24 小时上岗讲解企业知识，是企业对外有温度的沟通使者。

3. IP 个性化定制

如今，打造企业 IP 已是十分普遍的现象。IP 比品牌更具人性化，可以赋予企业真正的人性，拉近与用户之间的距离。标贝科技的 AI 虚拟数字人解决方案，支持 2D、2.5D、3D 形态展现，有真人、卡通人物等多种形象供企业选择，能为企业打造出专属的虚拟员工形象。

个性化的形象可以给用户沉浸式的交流体验，例如，医院导诊台的虚拟员工可以是一位亲切可爱的小护士，这不仅与医院这个场景相呼应，也符合大众对该场景的认知。

随着人工智能、5G、虚拟现实等技术的发展，虚拟数字人的技能将越来越丰富，他们会活跃在银行、制造、零售、医疗、物流、公共机构等众多行业，需求量巨大。而提供相关优质服务的公司将站上风口。

4.3.3 ToC：聚焦个人用户需求提供服务

在百度世界大会 2021 的现场，曾出现这样一幕，主持人撒贝宁说："我也想上火星看祝融号。"随后百度 CTO 王海峰说："我可以送你一个数字人，让它代表你去火星。"然后一个几乎和撒贝宁一模一样的虚拟数字人就出现在了现场。撒贝宁又问："咱都到火星了，能给穿个航天服吗？"王海峰又说："没问题，百度大脑，请为数字人换身航天服。"话音刚落，数字人撒贝宁就穿上了航天服。这一连串变化让观众惊叹不已。

这就是百度的"一句话生成数字人形象"技术。这项技术可以让虚拟形象生成工作变得如同说话一样简单，用户只需要简单描述即可生成个性化虚拟形象。

当前，虚拟数字人在 B 端的应用价值已得到广泛认可，如客服、传播、营销、社交等领域。但其依然面临着制作效率低、制作成本高等问题。例如，制作一个虚拟形象需要专业设计师花费数周时间设计模型、绑定骨骼、制作表情基底模型等，不仅门槛高，而且花费不菲，绝非普通人可以承受，这阻碍了虚拟数字人在C端的普及。

但在元宇宙中，虚拟数字人无处不在，他可以是柜台员工、博物馆讲解员，也可以是我们的朋友、老师等。如何让每个人都拥有自己的虚拟数字人，这是虚拟数字人在C端的重要应用。

百度的"一句话生成数字人形象"技术，就加快了虚拟数字人进入普通家庭的速度。用户只需要说出想要的形象，就可以快速生成自己的虚拟数字人朋友，不仅不需要技术基础，甚至还是零成本。这让我们离虚拟数字人无处不在的元宇宙世界更近了一步。

第 **5** 章

游戏+元宇宙：打开游戏想象空间

元宇宙旨在构建一个持久且稳定存在的虚拟世界，同时可以感知现实世界，并保持联系。而这种理念应用到实践中，与之最为相像的便是网络游戏。当前的游戏操作都需要电脑或者手机，有的还要连接外接手柄、键盘等工具，这显然不能还原元宇宙所追求的沉浸式体验。因此，VR/AR 眼镜应运而生，它们具备 3D 沉浸视角和超大分辨率，可以在虚拟世界中完美还原现实感受，打开游戏想象空间。

5.1 游戏和元宇宙密不可分

游戏是元宇宙最容易商业化的入口，相比起利润微薄的办公行业，游戏行业与元宇宙的结合可谓天作之合，二者密不可分。游戏为元宇宙的发展提供了肥沃的土壤，同时元宇宙又反作用于游戏，为它进行核心赋能，让游戏的操作拥有更多自主性。

5.1.1 从游戏的视角了解元宇宙

元宇宙与游戏的关系十分密切，元宇宙的很多理念都来源于游戏。在元宇宙概念暴发之前，开放多人游戏的呈现形式经历了从文字界面呈现到 2D 图形呈现，再到 3D 图形呈现的演变，同时在发展中逐渐增加了交互和 UGC 的属性，以满足用户对于游戏体验的更高要求。其发展历程如下。

1979 年，文字网游多人历险游戏出现。其呈现出了文字交互界面的特点，创造了一个将用户连接在一起的实时开放式社交合作世界。

1986 年，第一个 2D 图形界面的游戏 Habitat 创造性地将虚拟化身引入游戏中。它也是第一个投入市场的大型多人在线角色扮演游戏。

1994 年，Web World 实现了技术突破，创造了一款多人社交游戏。用户可以在游戏中聊天、旅行，甚至基于游戏的 UGC 功能改变游戏世界。

1995 年，第一个投入市场的 3D 界面大型多人在线游戏 Worlds Incorporated 出现。该游戏关注的不是固定的游戏剧本，而是强调游戏的开放性。同样在这一年，基于小说《雪崩》创作的 Active Worlds 上线，尝试建立一个元宇宙世界。该游戏提供一些简单的内容创作工具，支持用户改变虚拟环境。

2003 年，现象级的虚拟世界 Second Life 发布。其拥有强大的世界编辑功能和完善的虚拟经济系统，支持用户在其中社交、消费、建造等。这使得其吸引了大量企业用户，BBC、路透社等都曾以 Second Life 作为发布平台。

2004 年，DynaBlox 被成功创办，一年后更名为 Roblox，后逐渐发展成为世界最大的多人在线创作游戏平台。Roblox 的 2021 年财报显示，在 2021 年，Roblox 的每日活跃用户数达到 4 550 万名。

互联网发展到现在，已经深刻改变了人们的日常生活和社会的经济结构。无论是用户在 Roblox 中的创作，还是虚拟演唱会、虚拟社交等内容，都是技术迭代衍生出的新内容。这些内容与其背后的核心技术打开了元宇宙的大门，也激发了人们对于互联网的期待。

回望从 1979 年文字网游多人历险游戏的出现，到走向元宇宙的全过程，不难发现其中的主线，那就是体验的不断提升。人们对于游戏体验的不断追求推动了游戏技术的不断进步，而当 3D 呈现方式成为游戏标配时，人们又会追求更优质的游戏体验，即沉浸式的、可实时交互的、用户可编辑的、永久在线的游戏体验。

这为元宇宙概念的提出奠定了坚实的基础。Roblox 正是了解到人们的这一需求，认清了时代发展的趋势，才毅然将元宇宙写进招股书。而其上市后的优异表现也表现出了人们对于元宇宙的看好。

5.1.2 游戏为元宇宙的发展奠基

在元宇宙理念首次面向大众的时候，许多人把它称作"一场游戏"。尽管后来元宇宙被证明是当今互联网时代的前沿，但这也并不影响人们还是把元宇宙与游戏紧紧地联系在一起，就好像这是一对孪生兄弟。

实际上，元宇宙的许多理念和经验都是从游戏中得到的，以儿童们都很喜欢的网页游戏《摩尔庄园》为例，在《摩尔庄园》的世界里有雪山、森林、瀑布，有商业街和游乐园，还有家园和农田，在这里玩家可以种田养殖，经营餐厅，甚至可以进入摩尔大学学习。当然更出色的地方在于一款网页游戏居然有自己的金融体系，游戏中的虚拟货币摩尔豆也可以存进摩尔银行，根据存款项目不同还会有不同的收益，尽管最后因为银行利率过高导致整个庄园陷入了通货膨胀的危机，但不可否认的是它的确在试图搭建游戏内部独立的金融体系。

听起来《摩尔庄园》似乎就像今天的元宇宙"低配版"，而这也足以看出游戏为元宇宙的发展提供了很多奇思妙想。游戏作为元宇宙的雏形，与其最终的成熟目标还有一定距离，具体体现在沉浸感和触达感两个方面。相应地，区块链、VR/AR 等技术的发展也是游戏孵化元宇宙形态的必经之路。

5.1.3 核心赋能：提供更多自主性

如果说游戏是元宇宙商业化的入口，那么 VR/AR 就是入口的入口。目前全球的元宇宙游戏都需要依托 VR 设备操作。

游戏最想营造的就是沉浸感的氛围，这也是游戏厂商们吸引玩家、留住玩家最大的筹码。试想一款钓鱼游戏，如果真的令玩家感受到轻柔的海风，刺眼的阳光，在耳边听到海鸟的鸣叫和海浪的声音，甚至是感受到鱼咬钩时的颤动，那玩家的沉浸感将大大提升。但问题就在于，小小的一方屏幕，能够发出逼真的海浪声就已经大为不易，接下来又该怎么去实现那些视觉和触觉方向的内容呢？

元宇宙给出了答案：VR 设备和利用瑞利波（Rayleigh waves）研发的触感设备。

在元宇宙中，VR 拥有天然的优势，它可以通过对面部、肢体的全身追踪，让玩家真实感觉到那个在游戏中活动的虚拟角色就是自己，代入感极强。而利用瑞利波研发的触感设备可以让玩家在虚拟世界体验到和现实一样的触感，例如一个苹果在手上的重量，仙人掌的刺会"扎"手。研究人员利用瑞利波向大脑发送信号，使得全息图变得可触可感。

目前，Meta 的技术部门正在研发一种由大脑控制的虚拟现实头盔。计划用一种新的神经设备取代目前的触摸控制器。

而这些技术都为游戏的发展提供了足够大的想象空间，让玩家在游戏内可以完成更多自主性的动作，而不再仅仅是程序设定好的步骤。

5.1.4 四个阶段进化，VR 游戏走向元宇宙

VR 游戏在普通网络游戏的基础上更进一步接近元宇宙，抛开传统网络游戏所需要的键盘鼠标及外接手柄等操作工具，玩家只需要戴上一副 VR 眼镜或者一个头盔，戴上装有触感传感器的手套，就可以进入 VR 游戏当中，体验到前所未有的沉浸感、可触达性、可进入性、可延展性。

1. 沉浸感

最初的 VR 设备会将画面投射到一个弧形屏幕，或者在屏幕两侧进行左右眼图像叠加，使图像产生立体感。这种显示器笨重且价格高昂。而如今的 VR 设备通过放大的显示屏及三维引擎技术，可以实时产生立体画面，另外通过头部陀螺仪位姿传感采集的数据配合，可以使画面与用户头部转向角度时刻保持一致，使人产生真实观察虚拟世界的感觉。随着技术的发展，VR 设备的价格也在不断下降，一些品牌的 VR 设备已经降到了 2 000 元左右。

2. 可触达性

与头戴式 VR 设备类似，带有触觉传感器的手套也在迭代之中。最初研发人员采用的是触摸控制器，但和现实生活中的触觉相距甚远。后来研发人员利用瑞利波向大脑发送信号，模拟现实世界中产生真实触感时的神经传递反馈，使得全息图变得可触可感。

3. 可进入性

视觉方面和触觉方面的设备优化大大提升了玩家对于游戏的进入性感知。从以前单纯地守着一方屏幕，只能机械地操作人物，到如今轻装上阵，真实感触到游戏内的场景变化，玩家角色可以说完成了由"第三人称"到"第一人称"的转换。

4. 可延展性

VR 游戏在可延展性方面拥有很大的优势，因为元宇宙对游戏的赋能赋予了它极大的自主性。这就意味着以往只能听从 NPC 命令，按部就班地完成任务的游戏变得不再受欢迎，而自主性更强、自由度更高、世界观更开放的游戏会受到玩家的大力追捧，这迫使游戏厂商进行现有游戏的迭代优化和新游戏的开发。

5.2 元宇宙深刻变革游戏

游戏为元宇宙的发展奠定了基础，元宇宙又为游戏进行了核心赋能，给游戏行业带来了深刻而又巨大的变革。它为游戏提高了创作上限，使创作者可以抛开多重束缚更加自由地开发游戏的新内容，同时为玩家带来了更真实的沉浸式体验，优化沟通方式，使社交更加方便。当然最重要的一点在于元宇宙的开发使得游戏资产更具价值，提高了游戏的变现能力，促进玩家和创作者的正向循环。

5.2.1 体验变革：交互升级，实现自由社交

在元宇宙游戏世界里，你的虚拟角色代表了你自己，它可以完成你在现实中的事情，比如交朋友、购物、做一顿大餐；也可以完成你在现实中做不到的事情，比如开飞机、驯服恐龙。前者让你感到熟悉，后者让你实现人生更多的可能性。

得益于元宇宙技术的发展和突破，VR 设备和神经触控类设备将极大提升玩家在游戏里的交互体验。例如，你在游戏中开飞机，并不是游戏里的虚拟人在开飞机，而是你感受到是你本人在操控这架飞机，这种沉浸式体验感与现实世界一模一样。

除了沉浸感，元宇宙游戏也不会再将人限制在一个封闭的空间中，玩家可以自由探索、拓展，进行任意创作，并创新更多的玩法，大大提升了游戏的可玩性及玩家的自主性，拓展了游戏空间。

除了人机交互体验，元宇宙游戏也变革了人与人的社交体验。人都是社会性动物，就算是单机玩家也会有社区发帖的需求。游戏的本质是玩家吸引玩家交互。而元宇宙游戏在提升了玩家自主性的同时，也为玩家与玩家之间搭建了社交脉络。在游戏里，玩家之间的关系不再是虚拟人与虚拟人，而是"真实的""活生生的"两个人。在线上手拉手骑着飞龙的两个人也有可能在线下手拉手一起去购物。元宇宙的发展为游戏与社交的深度融合提供了无限可能。

5.2.2 创作变革：创作更简单，游戏资产也有价值

目前，很多元宇宙游戏平台为创作者提供的工具，让创作变得更加简单，也激励了更多创作者参与内容创作。以 Roblox 为例，它是典型的 UGC 平台，为创作者提供了创作工具及一个自由的创作平台，鼓励他们创作出更多优秀的游戏作品。同时，它建立自己内部的经济生态，用收益的大部分来鼓励创作者，吸引更多用户，形成良性循环。

它为用户提供的底层区块链技术和基础软件工具，使创作小白也可以快速上

手创作游戏，降低了游戏开发的门槛，实现了便捷开发。同时作为平台方，它不会干涉创作者的创作内容，游戏的质量完全由玩家来检验，实现了去中心化的开发自由。

除了创作变得更加简单，玩家们在游戏中的资产也变得更有价值。NFT（Non-Fungible Token，非同质化通证）的出现实现了虚拟物品资产化，将游戏装备的归属权还给了玩家，让游戏装备也能在交易市场进行买卖，帮助玩家增加收入。

BreederDAO 是一个数字资产工厂，主要业务是在元宇宙中生产游戏资产。这些游戏资产主要包括元宇宙中的虚拟道具和装备，通过为游戏公会提供支持，来帮助玩家解决资产需求，推动 PTE（play-to-earn，边玩边赚）模式的发展。

工厂内部的专业工具可以高效地生产大量游戏资产，并对游戏的流水数据进行分析，确定市场投放量，同时为游戏资产设定统一的行业标准。只有标准统一了，游戏资产才可以在平台内自由流通，否则，良莠不齐的资产势必会对游戏资产产业造成打击，降低游戏资产价值。

可见，在元宇宙时代，游戏不仅有娱乐功能，我们在游戏中创造的一切，也将为我们积累财富，提高收入。

5.3 入局之路：以不同切入点推出不同产品

游戏行业进军元宇宙是自然而然的事情。随着近些年互联网的飞速发展，游戏行业的发展似乎也遇到了瓶颈，各种类型的游戏层出不穷，令玩家眼花缭乱，导致游戏用户黏度不强，自然也就没有收益可言。铁打的游戏巨头，流水的小工作室。很多有创意、有想法的游戏都因为创作者的资源不足而搁浅，游戏行业的大部分资源还是被资本牢牢把持着。

而元宇宙是一个开放的、去中心化的世界，同时也是一片尚未开发的游戏沃土，在这里可以最大限度地提供给创作者们创作条件，推出更加新颖的游戏作品。

5.3.1 瞄准元游戏应用，推出元宇宙游戏产品

元宇宙的核心是社交与创造，而这也正是游戏的核心。

人类是社会性动物。亚里士多德曾经说过，离群索居的人要么是罕见的隐士，要么就不是人类。而创造力是人类与生俱来的天赋，不管是远古时期创造性地使用工具，还是近现代以来的几次工业革命和技术产业革命，人类都表现出了无与伦比的创造天赋。

而元宇宙游戏自然也会为人类的社交和创造需求服务。

近几年来，互联网各大企业巨头纷纷向元宇宙游戏领域进军，这里以 *Rival Peak* 为例。*Rival Peak* 是 Genvid 基于 Unity 和 Unreal 两大引擎开发的元宇宙游戏软件。不仅如此，该款软件还具有网页页面，是由 Amazon 网页服务执行个体支持的完整云端游戏后台。在这个游戏中的虚拟人物可以实时听到现实世界玩家的指令或建议，并决定是否要去执行。而后与 Meta 合作，基于流媒体的大型互动场景除了具备较高的社交属性，玩家在游戏内还可以触发吃饭、喝水、交友等剧情，但是创造属性有明显不足。*Rival Peak* 界面如图 5-1 所示。

图 5-1 *Rival Peak* 界面

亚马逊推出的元宇宙新游戏 *AWS Cloud Quest* 则创造性十足。玩家的虚拟角色在城市内扮演市民，帮助城市居民解决各种有关云计算和存储数据库方面的问

题，在提升自己知识储备的同时，还可以获得城市积分，不同的城市积分可以解锁兑换不同等级的奖励。不仅有角色装备和可爱的宠物，有独角兽喷泉、华丽的大理石教堂等各种城市建设发展需要的建筑道具，玩家还可以自行搭配城市风格。

5.3.2 聚焦 UGC 游戏平台，开发平台产品

不管游戏行业上游研发的终极未来形态是什么，是继续头部垄断，还是百花齐放，元宇宙 UGC（User Generated Content）平台的出现和发展，都是历史的必然。因为现实告诉我们，资金和人才的流向都是头部厂商，而空有创意却没有资源实现的创作团队大量存在。如果创意无法变现，团队就没有饭吃，所以 UGC 平台的出现合情合理，它为创作者提供开放的低门槛平台和基础的开发工具，创作者就是流量本身，只需要一些微小的商业模式创新，创意就可以变现，UGC 生态就可以稳定繁荣地发展。

相比视频 UGC，游戏 UGC 变现更为直接、方便。直接购买游戏内的道具装备，或者订阅游戏月卡、年卡等都是变现方式。而在沉浸感方面，由于有了元宇宙技术手段的加持，可以说游戏 UGC 是视频 UGC 的高配版。它可以调用玩家更多感官，体验更加沉浸，同时玩家的自主性和创造性也更强。与此同时，游戏创作者的黏度也会提高，有人就有市场，有市场就会有利润。利用这个模式循环，不管是多么不起眼的团队或个人，只要有想法，就可以将它创造出来并变现。

在《我的世界》中，Roblox 这些都是代表性的 UGC 平台，它们都拥有过亿名用户，其中绝大部分是年轻人。在 Roblox 沙盒平台上有超过 4 000 万款游戏，绝大部分的美国青少年都是它的忠实用户，在玩游戏的同时，又可以在平台上开发自己理想中的游戏，即使对于编程一窍不通的用户也可以从零开始，这是一个对新手非常友好的平台。像最近兴起的《堡垒之夜》，因为 battle royal 的随机性和 craft 的元素，成为很好的 UGC 创作平台。

5.3.3 聚焦沉浸式场景应用，将现实场景搬进游戏

对于人类来说，视觉和听觉是相当重要的两个知觉。它可以帮助我们辨别危险，产生情绪，是人类社会化、适应群体的重要指标。对于游戏而言，逼真的视听效果会让玩家产生身临其境的感受，而这也正是元宇宙游戏所追求的沉浸式虚拟现实场景体验。

传统的游戏，玩家需要头戴笨重耳机，连接外接键盘鼠标或手柄，整体上只能说在"玩"游戏，和沉浸式体验绝不挂钩。而如今的沉浸式游戏，虚拟现实不再是单单电脑生成的世界，它通过一系列收录设备和超高速、低延迟网络，使玩家能够感知来自遥远地区的光影和声音，使得一切显得那般真实。这种远程现实就像所谓的海市蜃楼，只不过是将它搬入到一方屏幕之中。

除了这种远程现实，还有主机端游玩家熟悉的 VR 虚拟现实，利用 VR 设备配备的 3D 成像屏幕和头部可实时定位身体姿态的陀螺仪，让玩家在现实世界与游戏世界实现动作、视角的一致性，从而极大地提升了玩家的沉浸式体验感。

例如，*LONE ECHO* 就是一款非常典型的 VR 游戏，因为现阶段的 VR 设备还不能模仿出重力感和大动作位移（需要非常大的场地），因此小幅度动作设计类游戏是最能将 Oculus Touch 交互用到极致的一种类型。*LONE ECHO* 将游戏背景放到了零重力的太空，避开了重力加速度的问题，同时第一人称视角射击也极大提升了沉浸感体验。*LONE ECHO* 界面如图 5-2 所示。

图 5-2 *LONE ECHO* 界面

当然，开发一款 VR 游戏不仅仅只是为了开发一个新游戏，因为传统的游戏套路无法在新的市场模式里套用，所以游戏开发者不仅是在设计游戏，更是在给从未涉足的领域制定一个标准，难度非常之高。但好在有一些互联网厂商已经意识到了 VR 游戏的可开发性，相信随着大量资源的投入，未来的 VR 游戏将会带给玩家更多的惊喜。

第 **6** 章

社交+元宇宙：开辟社交新场景

人是社会动物，需要进行社交。社交的本质是人与人之间通过某种方式或工具传递信息，进而达到某种目的的行为活动。最早的社交形式是面对面地交谈，随着时代的发展，社交形式逐渐演变为写信、打电话、发邮件、发送即时消息等，社交的重心逐渐从现实转移到网络当中。而在元宇宙时代，用户可以凭借独特的虚拟形象与自己设置的个人信息，在虚拟现实世界的场景中与他人互动，在元宇宙中体验沉浸式社交新场景。

6.1 元宇宙打造社交新模式

元宇宙作为与现实世界平行的虚拟世界，包罗万象。现实世界中的很多行为和场景都可以在元宇宙中找到镜像，这其中就包括人们最在意的行为——社交。不同于现实世界中隔着屏幕的线上社交，借助虚拟现实技术，元宇宙将打造社交新模式，带给人们沉浸、自由的元宇宙社交体验。

6.1.1 突破虚拟社交局限，展现社交更多可能

当下的虚拟社交，其形式更多是通过互联网社交软件等工具传递即时信息，手机、电脑是当下虚拟社交的主要载体。区别于传统的真实社交，虚拟社交的便

捷性和安全性都大大提高，同时，虚拟社交的受众范围极广，用户足不出户就可以交到异国他乡的好友。

基于以上优势，虚拟社交为陷入社交焦虑却又渴望广泛交友的年轻人提供了一个氛围良好的社交平台。互联网社交软件已经成为人们日常生活必不可少的一部分，例如 QQ、微信、微博等，人们的日常生活离不开它们。虚拟社交是目前应用广泛的社交形式。

虚拟社交还存在一定的局限性。虚拟社交虽然突破了时间与空间的限制，应用更为广泛，但却缺少真实社交的趣味性和真实性。隔着设备的屏幕，人与人之间的距离也在无形中被拉大。此外，由于互联网去中心化尚不完全，用户的隐私数据被互联网社交软件背后的数据中心统一收集和管理，存在隐私泄露的风险。因此，虚拟社交并不是完善的社交形式。

元宇宙社交突破了虚拟社交的局限，通过全息虚拟影像技术，可以还原现实世界中的真实场景。同时，由于 AR、VR、XR 等技术的应用，用户在元宇宙场景中可以进行自由互动，极大提高了用户的沉浸式社交体验，增加了用户黏性。另外，基于元宇宙开放、去中心化的特点，用户的个人数据属于自己，用户可以自由设置想展示的个人信息，如性别、年龄等。元宇宙中的其他用户若想要获得用户的私人数据，需要与用户协商。这大大提高了用户数据隐私权的保护程度。

相比于虚拟社交，元宇宙社交用户的互动优势更加明显，同时保障了用户的安全和隐私。结合了虚拟社交与真实社交的优势，元宇宙社交更为完善，更能满足用户的社交需求。

6.1.2 社交变革，开启社交 4.0 时代

很多人将元宇宙社交等同于现在的虚拟社交，认为元宇宙只是一个由 VR、AR 等数字技术构造的虚拟世界，元宇宙社交不过是在虚拟世界中添加好友聊天。这实际上是一种片面的观点，元宇宙不是简单的虚拟世界，元宇宙社交也

不等同于虚拟社交。元宇宙社交是虚拟社交的高级形式，它代表了社交 4.0 时代的到来。

在社交 1.0 时代，线下交流、写信是常见的主流社交方式。在 PC 时代，人们进入社交 2.0 时代，开始借助贴吧、论坛等线上平台进行社交。网页成为基础节点，搜索引擎成为流量中心，获取信息成本高、静态和半开放是此时的社交特点。随着科技发展，人们进入移动互联网时代，社交 3.0 时代来临，手机成为基础节点，App 成为获取社交信息的主导，用户之间的节点连接更加复杂。而元宇宙社交的出现，代表着社交 4.0 时代正式拉开序幕。

元宇宙社交既延续了互联网时代虚拟社交的优势，又结合了传统的真实社交的特性。元宇宙社交是未来社交变革的主要方向。但是目前元宇宙社交仍处在萌芽阶段，它的实现需要 AI、VR、AR 等高新技术的大力支持。

有算法模型和 AI 技术作为底层支撑，元宇宙社交的应用将不仅局限于交友聊天、互动等传统领域，它还会拓展到挖掘市场、构建和分析社交模型等多个层面。

例如，腾讯在 2022 年最新推出的"超级 QQ 秀"，就是网页 QQ 秀的 3D 化。网页 QQ 秀曾创下上线半年就收获 500 万名付费用户的记录，是 PC 时代的社交领域佼佼者。然而，随着移动互联网时代的发展，网页 QQ 秀逐渐没落。如今，借着元宇宙社交的春风，网页 QQ 秀采用 AR 增强现实、全息虚拟影像、3D 立体建模等技术，成功升级为"超级 QQ 秀"。

在"超级 QQ 秀"中，用户可通过 AI 人脸识别技术，直接生成与现实形象相同的虚拟数字人形象，还可以自行调整用户界面，充分展现用户的个性，如图 6-1 所示。进入"超级 QQ 秀"后，用户可以使用平台提供的数字货币购买各式各样的家具，装扮自己的家园。为了保障隐私，用户可以自行设置家园的开放范围。

"超级 QQ 秀"背靠腾讯 QQ，本身就有着庞大的用户群体。这群用户通过"超级 QQ 秀"可以真实还原社交中的互动，如面对面聊天、握手、跳舞等。同时，用户可以更直观地看到对方的形象、动作、表情，进一步判断彼此之间的社交该如何进行。"超级 QQ 秀"打开新型社交模式，共建强归属感用户社区，为未来打造社交元宇宙奠定了基础。

图 6-1 "超级 QQ 秀"虚拟形象展示

6.2 应用场景：传统社交产品升级 +新社交产品产生

元宇宙社交的出现，意味着传统互联网时代的流量社交已经无法再满足当代用户的社交需求。元宇宙社交以场景为触发基础，依托于 AR、VR 等高新数字技术，将传统流量社交进行产品升级，研发新的社交产品，为用户提供多元化社交体验。

6.2.1 VR 社交平台顺势发展，获得资本青睐

元宇宙社交平台的实现离不开 VR 虚拟现实技术。早期的 VR 社交 1:1 还原现实世界的互动行为，简单理解，就是将现实世界中的社交模板迁移进元宇宙。

如今，VR 社交拥有了分层能力，例如，物理显示器在 VR 社交平台上可以调整大小和位置，就像桌面上的应用程序一样。或者用户在 VR 社交平台中练习足

球射门，足球与球门之间会出现指引线，就像用户在电视上观看的足球比赛解说一样。

Meta 曾展示过虚拟旅游如何让一家人在同一个虚拟现实场景游览、互动（如图 6-2 所示），甚至可以一家人自拍。而 BigScreen 也推出过相关 VR 社交平台，借助 VR 设备，用户可以一起交流、玩耍，体验同一种活动，例如，打台球、玩飞镖等。

图 6-2　Meta 虚拟旅游

随着高新技术的发展，当代的 VR 社交平台已经不再像早期 VR 社交平台那般，仅仅用于游戏与工作领域，例如远程会议和发送即时消息等。VR 设备通过扫描、跟踪用户的眼睛和面部肌肉变化，配备实时触觉反馈机制，使用户实时感受到真实的触感，实现可互动的沉浸式社交体验。通过对用户社会交流、互动的基本动作、表情的分析和反馈，VR 社交将会成为未来社交最好的方式之一。

VR 社交平台的发展趋势是移动化、场景化和混合化。一方面，VR 社交平台面向大众市场需要考虑到用户的外出需求；另一方面，场景触发是元宇宙社交的基础。VR 社交平台在发展过程中，会借助 AR、MR、AI 等多种技术优化用户沉浸式社交体验。

未来，VR 社交或许不会仅局限在游戏当中，它将成为一个改变人类社交历史进程的技术。VR 社交平台将会让元宇宙用户更加明白，人们应该如何沟通，互相分享新想法，如何身临其境地换位思考彼此的问题。这将是人类社交历史上的一座新的里程碑。

6.2.2 元宇宙社交平台兴起，提供多元化社交体验

近年来，元宇宙概念热度不减，元宇宙社交平台也如同雨后春笋一般兴起。社交是人的精神世界不可或缺的一部分。元宇宙社交平台的兴起，为元宇宙用户的精神世界需求带来了极大地满足，"第二人生"也由此开启。

社交 3.0 时代的社交平台基本分为三类：以微信、QQ 为代表的熟人社交平台；以陌陌、探探为代表的陌生人社交平台；以钉钉为代表的，面向垂直类场景的办公社交平台。而到了元宇宙社交 4.0 时代，元宇宙社交平台主要研究陌生人社交方向，并且对此类社交平台进行优化和产品升级。

传统陌生人社交平台无法直观看到彼此形象，也没有用户互动的具体场景，缺少趣味性和真实性。而且由于门槛低，用户的安全和隐私很难得到保障，出现问题很难得到有效解决。另外，当陌生用户关系稳定后，其社交互动平台就会转向微信等熟人社交平台，这意味着陌生人社交平台无法形成长期、稳定的用户关系链。

而元宇宙社交平台的出现，有效解决了传统陌生人社交平台的问题，为用户提供了多元化社交体验。

例如，"Oasis"（绿洲）就是一款新兴的元宇宙社交平台，吸引了大量用户前来体验。在 Oasis 中，用户可以从上百万个维度去创建自己的虚拟形象。低门槛和高自由度的条件极大地激发了用户的想象力和创造力。用户可以在不同场景以不同虚拟形象进行交流和互动，极大地提升了社交体验的真实性和趣味性。

而且 Oasis 中的用户数据与现实身份绑定，一旦违反了相关规定，就会被禁言或永久封禁账号，这意味着该用户在 Oasis 中打造的一切都将离他而去。该举措有效维护了 Oasis 内的秩序和风气。另外，在 Oasis 内，用户不仅可以自由地交流和互动，还可以自己发表动态。用户在聊天之余，还可以与好友一起钓鱼、烧烤，甚至经营餐厅等店铺。

Oasis 创始人尹桑表示：用户在元宇宙社交平台上应当是创造快乐、分享快乐的。未来的 Oasis 会结合去中心化的机制，所有的规则、虚拟物权等都由用户自己决定。Oasis 只提供社交空间，智能履行合约。Oasis 是元宇宙社交平台的一个缩影，同时也代表了元宇宙社交未来的发展方向。

6.2.3 Soul 聚焦 Z 世代，打磨元宇宙社交应用

Z 世代（1995-2009 年出生的一代人）是互联网时代的原住民，这群人也被称为数字媒体土著。Z 世代是当下真正的年轻人，是伴随着移动互联网、手游、动漫等成长的群体，他们的工作、学习等重心更偏向互联网，在社交层面同样如此。

数据研究平台 QuestMobile 发布的《"Z 世代"洞察报告》显示：截至 2020年，Z 世代年轻人在网上活跃用户规模达到 3.2 亿名，占移动网民总量的 28.1%。这是一个庞大的市场，开拓这片市场，可以为社交元宇宙吸收大量用户，利润可观。

如今，微信、QQ 等社交平台几乎成为线下熟人关系网的线上镜像，年轻人表达自我倍感压力。陌陌之流的平台缺乏沉淀，很难维持稳定的社交关系。B 站更多是基于粉丝与 up 主产出内容的交流，无法做到平等沟通。没有一款社交应用可以满足 Z 世代年轻人的需求，他们迫切需要一款满足自身社交需求、年轻化的社交产品。

Soul 聚焦 Z 世代，打造了一款与 Snapchat、Instagram 地位相当，面向年轻人的社交产品。Soul 成立初期规模很小，后通过种子用户的口碑传播，用户数量不断累计。如今在用户基数上，Soul 的 DAU 已达千万量级。

Soul 成功的原因在于抓住了 Z 世代年轻人用户的社交个性化需求，打造社交元宇宙，为用户提供个性化、定制化的沉浸式社交互动体验。每位用户在 Soul 都拥有一个虚拟身份，用户发布动态，Soul 利用大数据、云计算等技术，根据动态数据为每位用户制作社交画像和兴趣图谱。基于此，AI 算法会智能推荐匹配用户与动态，每位用户都能建立新的社交关系。

这种社交不再是线下社交关系的镜像，而是高维度的、平等的、智慧化的元宇宙社交关系。传统的陌生人社交平台是社交的起点，而 Soul 是 Z 世代年轻人用户社交的终点。Z 世代年轻人在 Soul 可以得到社交满足感：表达自我与了解他人，交流兴趣与探索世界，吐露烦恼与获得支持。而这也正是 Soul 的初衷：让天下没有孤独的人。

6.3 入局之路：多领域平台融入社交元素

在众多领域平台中，社交元素都扮演着重要角色，如直播营销带货、线上配对听歌、游戏局内互动等。随着元宇宙时代的来临，社交产品不断升级，社交元素推动流量变现，多平台领域融入社交元素，打开了元宇宙入局之路。

6.3.1 瞄准区位优势，打造元宇宙社交新产品

Roblox 将元宇宙各式各样的特征和优势总结为八点，其中很重要的一点就是元宇宙的社交性。缺少社交的元宇宙产品不是一款完整的元宇宙产品。社交内容是元宇宙和游戏的差异要点，社交生态赋予元宇宙和现实世界的交互性，是构建元宇宙生态的核心。Meta 的创始人扎克伯格更是坚定地认为社交网络的终极形态是元宇宙。

像 Meta 一样投身元宇宙社交生态布局的还有知名互联网厂商字节跳动。字节跳动于 2022 年 1 月发布了元宇宙社交新产品"派对岛"。据官方介绍，"派对岛"是一个实景化的线上互动社区，用户在其中化身虚拟形象，可以与陌生人互动、结识新朋友，还可以和好友一起聊天、闲逛，参加线上活动。

"派对岛"是字节跳动的首款元宇宙社交产品，目前处于测试阶段，内测用户可通过抖音账号或手机号登录。同百度的元宇宙社交产品"希壤"一样，"派对岛"的目标也是致力于打造一个永久存续、可供多人互动的大型虚拟现实世界。每位

用户都拥有自己独一无二的虚拟形象,既可以通过 AI 人脸识别技术生成与真实形象无异的虚拟形象，也可以自由发挥和创造新的虚拟形象，如图 6-3 所示。

图 6-3 "派对岛"虚拟形象展示

在"派对岛"中，时间和天气会根据定位实时追踪和还原用户所处的现实环境，同时通过 3D 立体建模、色彩渲染、AR 增强现实等技术，为用户带来高度沉浸式社交体验。用户在其中可以经营商铺、种植农田等，以此换取货币建设小岛，极大地增强产品的趣味性与用户的黏性。

互联网厂商纷纷投身元宇宙社交布局绝非偶然，他们清晰地看到元宇宙社交产品的未来发展趋势。在元宇宙社交市场还未完全开发时，利用自身区位优势做好万全准备，这是互联网厂商的未雨绸缪，也为打造社交元宇宙提供了有力支持。

6.3.2 聚焦产品优势，融入更多社交元素

社交的价值不仅在于聊天，更多地在于引起彼此的共鸣。社交产品永不过时。在元宇宙时代，许多团队前仆后继地涌向社交产品领域，试图打造比肩微信、QQ

的全新社交产品。然而，一个行业的领头羊位置有限，与其追逐"大社交"的产品目标，不如聚焦自身产品优势，为其融入更多社交元素，打造独一无二的社交产品。

例如，不同于其他音乐 App，网易云音乐不再完全依靠传统的音乐搜索功能，而是独具匠心地利用 AI 人工智能和大数据分析技术，收集、分析用户的听歌时间与品味。根据得到的用户画像，网易云音乐会为其推荐量身打造的歌单。这些个性化推荐会进一步根据用户画像，捕捉听歌品位相似的用户为其进行好友推荐。歌单可以由用户自行创建，其他用户可以任意收听、分享、评论，用户还可以根据歌单结交音乐品位相似的朋友。

此外，网易云音乐还为每位用户都准备了"网易云云村身份证"，上面除了二维码，还有用户自行搭配生成的虚拟形象和虚拟住址。用户可将"网易云云村身份证"分享给他人扫码，设备中会呈现用户的个人信息和音乐偏好，可直接添加好友。

网易云音乐最新推出的实时听歌功能，极大地增强了音乐社交的便捷性。用户在听歌界面可以选择实时听歌功能，系统会自动匹配同一时间在听这首歌的其他用户，选择是否与对方共同听歌，双方可以一边听歌，一边聊天。

网易云音乐的核心不是 UGC，而且诸多社交因素的融入使它显得有些另类，但却让其在一众音乐 App 中脱颖而出，受到用户的热捧。在元宇宙时代，人们追求个性化、便捷化的社交形式，社交也能够成为一个小型的基础设施，让一些工具载体更符合人的社交追求，更加人性化。

第 7 章

教育+元宇宙：引领教学变革

新型冠状病毒性肺炎疫情的暴发，让全球教育行业受到沉重打击。许多学生的学业进程被打断，不能到学校上课。也正因如此，线上教学模式得到了发展，MOOC 等在线教育平台成为支持学生们正常学习的工具，以虚拟现实、在线交互为基础的元宇宙教育自此拉开序幕。

7.1 从 VR/AR 教育到元宇宙教育

近几年，VR/AR 技术有了进一步的发展，也在除了娱乐领域的更多领域有了应用，教育领域就是其中之一。VR 课堂、VR 实验等丰富了教学体验，让学习更有趣、更有沉浸感。另外，随着相关显示技术的发展，更多创新技术将与教育融合，推动元宇宙教育的实现。

7.1.1 VR/AR 教育应用为元宇宙教育发展奠基

VR 和 AR 可以打造出多样的虚拟场景，为元宇宙教育的发展添砖加瓦。VR 可以实现虚拟场景的搭建，将人们带入虚拟的教学场景中。而 AR 则可以增强现实，将虚拟场景引入现实场景，打造一种虚拟场景与现实场景相结合的教学场景。

马克·扎克伯格曾言："VR、AR 等技术将是打造'元宇宙+教育'的强大工具。"在元宇宙时代，学生们戴上 VR 眼镜，就能来到虚拟教学空间，接触到现实世界不便观察到的教学模型，例如，行星运动轨迹、人体器官等。

目前，VR、AR 等技术已经在实际教学中应用。在美国，Roblox 创立了一个项目，用于打造 3D 多人互动式教学空间，进军在线学习领域。在韩国，首尔市教育厅面向中小学开设了 VR、AR 等技术构建的虚拟科学课程，让学生们亲身探索虚拟世界。在中国，中国传媒大学等学校在游戏《我的世界》复刻学校场景，让学生们在游戏里完成了线上毕业典礼，弥补了因疫情取消毕业典礼的毕业生的遗憾。

以 VR、AR 等技术为基础的教学模式，就像一种大型游戏，让学生既能体会现实世界接触不到的教具的真实感，也能体会到寓教于乐的学习趣味。以最先被引入 AR 技术的儿童早教领域为例，虚拟空间与教育相结合，能够激发儿童的创造力和想象力，让孩子更具探索精神。又如，VR、AR 等技术还能满足场景化教育的需求，通过虚拟场景直观展现驾驶操作，让汽车驾驶学习更安全。

VR/AR 教育应用为元宇宙教育发展打下了良好的基础，随着元宇宙与教育的进一步融合，未来教育行业将出现更多充满创意的教学环境。

7.1.2 沉浸感升级，元宇宙带来 VR/AR 教育新突破

随着元宇宙技术的升级，元宇宙让 VR/AR 教育迎来了新突破。例如，在过去，大学讲座是由现实中一位讲师对有限数量的学生进行实时授课的，授课形式单一，即便是有 VR/AR 设备辅助，也只是丰富了教学效果，并没有改变授课形式。

如今，在元宇宙中，曾经单一的授课形式演化为多种数字格式的授课形式，例如录课、直播等，实现了课程的"量产"。学生们可以使用现实货币购买来自世界各地的课程，不再受限于单一的实体院校，而是从资源无限的元宇宙教学平台获取知识。

从寓教于乐到改变单一的授课形式，元宇宙将给传统教育带来巨大冲击。在

教育场景方面，元宇宙教育消除了时空的局限性，让教学内容更加丰富、充满想象；在教育者与学习者方面，教育者可与开发者一起研发新的教学模式，让学习者获取更丰富的学习资源；在教育资源方面，元宇宙教育有效解决了教育资源分配不均的问题，让教育资源不再有地域、国界之分，促进了教育平等。

元宇宙作为受到极大关注的新概念，如今在我国教育领域也受到了许多企业的重视。例如，北京萌科推出了元宇宙互动实验室、跨平台元宇宙互动平台等产品，并与人教数字出版公司联合出品了针对最新考纲的中小学实验教材。无独有偶，编程猫也推出了 BOX 平台，在这个平台上，用户可以构建并发布脚本游戏等作品来进行编程学习。

在我国"双减"教育的时代潮流下，元宇宙教育改变了传统教育模式，让学习摆脱了枯燥的"题海战术"，更具实践性与趣味性，从而更好地激发了学生的创作力，培养出实用型人才。

7.2　应用场景：浸透教学多环节

元宇宙教育对教学的各环节均能产生颠覆式的影响，包括授课环节、互动环节、教学场景等。

7.2.1　虚实交互，全息老师异地授课

疫情防控期间，学生不能去学校上课，老师只能通过直播在线授课。那么，有没有办法让在线网课也能还原真实课堂的效果呢？全息投影技术就能将这一设想变为现实。

在第三届数字中国建设成果展上，在 5G 全息投影区，一位老师正在上课，讲解《直线与圆的位置关系》，吸引了不少人的注意。这位老师并不在现场，而是身在福建 VR 体验中心。工作人员将 4K 高清摄影机放在老师面前，拍摄他的图

像和声音，然后通过网络，传输到了会展现场的全息服务器上，让观众观看。

这并不是第一次通过全息投影技术让老师异地授课。在 2017 年，霍金先生曾通过全息投影来到了香港，与粉丝近距离互动。2019 年，一位福州特级教师给远在武汉的学生上了一节名为《光与通信的奇妙旅程》的公开课。在课上，师生通过高带宽、低时延的 5G 网络跨越了时间和空间，实现了异地互动。

在元宇宙时代，真人老师不再是教学的唯一选择，全息虚拟影像将在课堂普及。即使是偏僻地区的学生，也能跟随发达地区的名师学习，还能跟老师互动，就像在真实的课堂一样。

7.2.2 虚拟交互，师生共进虚拟世界

元宇宙与教育结合，在虚拟世界中开辟教学场所，让师生能在虚拟教学场所中互动。在元宇宙课堂上，老师们不用再引导学生们展开想象，而是可以带着同学们去观察恐龙，去唐朝盛世与波斯人经商，去珠穆朗玛峰的峰顶上见证奇绝的景色。这就是元宇宙对教育直接的改变，即情境化教学。

在情境化教学模式下，学生们可以佩戴相关显示设备进入教师创设好的教学情境，开展多人在线探究式的学习活动。除此之外，学生们还可以进入不同学科的专业教室，通过全息投影等技术连接远程教学场所，开展基于实地实景的课堂互动。

另外，因为游戏与元宇宙密切相关，游戏的很多特征都与元宇宙十分相似，如虚拟经济系统、虚拟身份、社交、沉浸式体验等。因此，游戏化也是元宇宙教育的一大特色。

老师可以借助 VR、AR、人工智能等技术，将沉浸式游戏作为教学手段。例如，让学生选择不同的游戏角色、游戏场景、游戏主线等，像玩游戏一样完成学习任务，获得游戏奖励，从而激发学生学习的内生动力。同时，在不破坏游戏框架和学习目的的情况下，学生还可以享有创造游戏角色、续写游戏主线等权限，以此实现学生与老师共创。

除了教学，元宇宙还可以创设教研情境，辅助老师完成教研培训，提升青年老师的能力。例如，通过元宇宙模拟各种真实的教学事件，如师生问答、学生违纪等，降低教研培训场景搭建的时间和成本，使教研培训成为常态化活动。

在元宇宙时代，课堂上不再只有粉笔和黑板，学生们也不再只能看书、记笔记，而是可以通过各种新奇的教学辅助工具，亲眼见证书中描述的场景，与书中的主人公互动。而传统的老师讲、学生听的教学模式也将被颠覆，学生们可以进行创造性的自主学习，成为课堂的主人。

7.2.3 沙盒游戏中重建校园，毕业典礼走上云端

2020 年，因为新型冠状病毒的肆虐，许多大学都取消了毕业典礼。广大毕业生们匆匆离校，甚至都未曾再回校园漫步一次。为了弥补毕业生们的遗憾，浙江大学在 2020 届毕业生离校前，为他们打造了一个虚拟校园。

这是浙江大学一个名为"MC 浙大－紫金港篇"的项目，团队的同学们将浙江大学紫金港校区的建筑物全部搬进了《我的世界》游戏中，如图 7-1 所示。毕业生们登录游戏，进入虚拟校园，不仅可以在熟悉的道路上漫步，进入久违的教学楼，甚至能遇见文印店的老板和宿舍区的猫。

图 7-1 《我的世界》中的浙江大学紫金港校区

这个虚拟校园由一百多位学生历时一个月建造完成。团队的同学们领取自己

感兴趣的建筑任务，组成小队，进入游戏的多人创造模式开始建设。一个多月的时间，虚拟校园拔地而起，就连学校门口的电子屏，休闲餐厅前的校园卡补卡机都被一一还原。

为了让虚拟校园更有生气，团队的同学们还为毕业生们准备了一些惊喜彩蛋。毕业生们可以为泛舟启真湖的龙舟队摇旗呐喊，还可能不小心误入地下迷宫，发现校长的音乐专辑。

除了重游校园，浙江大学还为毕业生们准备了云端毕业派对。毕业生们可以在各处熟悉的校园建筑前拍照打卡，可以通过传送门进入礼堂，参加"拨穗仪式"。在"拨穗仪式"上，老师将毕业生们学位帽上的帽穗，从右边拨到左边，象征着他们学业有成，也祝福他们未来展翅高飞，如图 7-2 所示。

图 7-2　拨穗仪式

随着活动的推进，游戏中的时间会从白天变为黑夜，虚拟校园中开始进行"烟火秀"，这场派对在绚丽的烟火中落下帷幕，也为学生们的四年大学生活画上了完整的句号。

受疫情的影响，2020 年有很多大学将毕业典礼搬进了游戏中，这除了是特殊情况下的应对，也是对开发新的教学场景的一种启发。未来，我们也许能在游戏搭建的场景中上课，获得更丰富的学习体验。

7.3 入局之路：虚拟老师+智能教具 +虚拟场景共同推进

针对元宇宙与教育融合的大趋势，企业可以从三方面入局：打造虚拟老师，一对一个性化教学；推出智能教具，提升交互体验；开发教育平台，提供虚拟教学场景。下面我们重点介绍打造 AI 虚拟老师和推出可虚实交互的智能黑板相关内容。

7.3.1 依托虚拟数字人技术，打造 AI 虚拟老师

在许多科幻题材的影视作品中，经常会出现机器人家教的身影。他们学识渊博，富有耐心，会语重心长地为学生讲解知识点，指导学生的作业和习题，甚至会在学生快走神时突然说个笑话，活跃气氛。人们或许觉得这个场景只能在影视作品中出现，但事实上，这个场景已不再是天马行空。目前，已经有很多聊天机器人通过了图灵测试（测试机器人是否拥有人类智能），而虚拟教师这个概念在业界也颇受关注。

教育领域很早就提出，经验丰富的老师一对一个性化辅导学生是最好的教育方式，但这种模式成本太高，很难大规模推广。优秀老师数量有限，很难为每个学生提供一对一指导，而且不是所有家庭都能负担得起一对一辅导的费用，这也不利于实现教育公平。

而虚拟教师的出现正好可以解决这个问题，可以为成千上万名学生提供个性化辅导，还能积累学生学习的数据，帮助改进教学内容。

以虚拟教师 Watson Tutor 为例，来看一下虚拟教师都有哪些特色。

Watson Tutor 是由 IBM 和教育机构 Pearson 联手打造的，可以随时随地为学

生提供帮助与建议，为老师提供数据分析，例如，学生对知识点的掌握情况、疑难点及长短板等，方便老师改进课程。

Watson Tutor 因为私密和方便的特点，可以解决一些学生因为不好意思而未能向老师寻求帮助的问题。它可以代替老师向学生提供 24 小时全天候指导，即使在深夜也可以解答学生的问题。

Watson Tutor 主要有三个功能，即诊断、答疑、测试。诊断功能：Watson Tutor 根据学生的回复，以提示、反馈、解释、确认等方式引导学生完成学习；答疑功能：Watson Tutor 通过检索模型，搜索相关延展资料，帮助学生掌握新知识与旧知识之间的关联；测试环节：Watson Tutor 通过向学生提问来评估学生对知识的理解程度。

Watson Tutor 通过自然语言处理技术来解释学生的问题并做出反馈。在对话策略设计上，每组对话都有一个主要的学习目标。每个目标由主要问题和几个相关问题组成，主要问题包括多个提示。学生要先明确学习目标中的主要问题，待学生回答后，Watson Tutor 会和答案进行比对，并做出相应反应。如果学生部分答对，Watson Tutor 会给出一些提示，引导学生思考正确答案；如果学生答错，Watson Tutor 会让学生学习更低一级的学习目标；学生在更低一级学习目标任务中表现良好，才可以返回到之前的学习目标。

在整个学习过程中，Watson Tutor 通过对学生情况进行动态调整，来帮助学生更顺利地掌握知识。一般，一组对话需要学生和 Watson Tutor 对话 4～15 轮。如果学生情况不佳，也可能上升至 30～40 轮。

虚拟教师除了能传授知识、辅助学习，还能引发学生思考，这些软技能让学生感受到更多的支持与关怀，从而更愿意表达，更能接受虚拟老师的批评指正。随着教育领域对因材施教的愈发重视，虚拟教师的应用将成为未来一大趋势。在未来，也许每个学生都会有一位虚拟的私人家教，帮助他们做专属的学习规划。

7.3.2 依托交互技术，推出可虚实交互的智能黑板

黑板、粉笔是很多学生和老师对课堂的印象，老师拿着粉笔在黑板上"刷刷"扫过，白色的粉笔灰不仅会呛到老师，还会殃及第一排的学生。而现在，有了智能黑板，这样的场景再也不会出现。

在智能黑板上，老师只需要轻触黑板，就能用量角器读取角度；手指滑动，就能控制圆规画圆；单击菜单，就能调动各种教学工具。不仅不用再"吃"粉笔灰，也不用再带着量杯、试管、圆规、量角器等烦琐的教学工具进入教室了，不但省力，而且省心，如图 7-3 所示。

图 7-3 智能黑板

从外观上看，智能黑板与家用液晶电视相似，但其针对教育行业加入了独有的触控方案和教育软件，就变成了智能交互黑板。而且，为了兼顾传统教学习惯，老师只需长按智能黑板的界面，就可以切换到传统黑板模式，在上面书写板书。

智能黑板的出现适应了当下多媒体教学的需求，可以大幅提升教学效率和学生的学习兴趣。有了智能黑板，老师不用再将大量的精力放在知识呈现上，可以更加关注学生的学习情况，更合理地管理学生。

教具升级是元宇宙教育一个非常重要的领域，从前那种"一根粉笔走天下"的情况将逐渐成为过去式，未来的课堂将是丰富多彩和极具趣味性的。

第 8 章

治理+元宇宙：社会治理场景化

元宇宙的兴起又会为社会治理带来什么变化呢？首先，元宇宙的介入可能引发政治经济、全球治理、伦理、立法、监管等治理问题；其次，元宇宙与社会治理的融合，会革新现在的治理模式，发展出新业态。可见，元宇宙治理问题并不是面临的单一维度的技术体系，而是多维整合的技术体系，企业入局需要注意融合与升级，提供综合化解决方案。

8.1 元宇宙变革社会治理模式

元宇宙的融入会变革现在的治理模式。首先，虚拟内容被广泛社会化，需要统一的管理和规范；其次，政府和机构拥有了更多元的社会治理场景，甚至可以跨越时空；最后，社会治理部门主动联合其他行业形成社会治理新模式。

8.1.1 虚拟内容社会化，数字环境下价值与意识管理与创造

如今的互联网已经从比拼基础架构的阶段，进化到比拼内容的阶段。随着虚拟内容的体量变大，以及元宇宙相关技术对虚拟内容版权的认证，人们对虚拟内容的价值有了新的认知。优质内容的含金量会越来越高，其产生的能量也会越来越大，形式包括文字、图片、视频、3D 模型等。

基于这样的趋势，我们必须建立统一的规则来管理这些虚拟内容，以保障人们在元宇宙的财产权益。

1. 虚拟物品

虚拟物品的权利界定是元宇宙的重要问题。在元宇宙中，几乎所有物品都是新创的，也都是虚拟的。与现实世界中的物权不同，元宇宙中的物品也不以占有证明其所有权。

元宇宙中的物品一般是一边被创作，一边存在的，其主体只拥有公开的所有权外表。例如，玩家将游戏装备转让给另一个玩家，并不是将代码转让给另一个玩家，而是在该段代码上添加所有权象征。因此，元宇宙中的物品不适用现实世界中的财产法，它们需要一套新的规则证明其所有权。

目前，我国《民法典》仅在总则第一百二十七条规定："【数据、网络虚拟财产的保护】法律对数据、网络虚拟财产的保护有规定的，依照其规定"，并没有更加明确的规定。

此外，元宇宙中的虚拟物品很多都具有可复制性，并可以低成本复制，这让虚拟物品的财产性质存在一定的争论：一，该以何种标准确定某虚拟物品是否属于虚拟财产；二，如何在元宇宙中确定虚拟物品的权属；三，一件物品在元宇宙内属于有价值的财产，但在现实世界不被视为有价值的财产，应该如何处理？这些问题都需要建立统一、明确的规定来规范管理。

2. 元宇宙财产现实化

元宇宙不是完全与现实世界无关的，因此，虚拟财产也会与现实世界的发生关联。这就涉及虚拟财产与现实财产间的交换问题。

在元宇宙中，虚拟内容的价值主要由群体共识来决定，这种价值确定方式类似于目前的收藏品、艺术品领域的价值确定。但如果把元宇宙中的一切内容都视为收藏品，必然是不合理的，也不利于元宇宙经济秩序的建立。因此，我们需要建立一个通识规则，让虚拟内容能被定价、管理，从而保障元宇宙经济秩序的平稳运行。

8.1.2 社会治理场景化，为政府和机构提供跨时空无限可能

元宇宙主张的虚实相融的互联网应用形态，与数字驱动社会治理的思路完全吻合，将现实世界中的人、事、物转化为大数据，可以显著提升社会治理效能。

南京市江北新区顶山街道在探索数字化社会治理的过程中，首创"数据官"模式，推动了治理效率的提升，实现了共建共治、融合发展。

1."数据官"模式

顶山街道依托云上顶山指挥中心搭建了"1个基础支撑体系+6大支撑技术全景图"的运行体系，定期开展智能化研判分析，确保第一时间响应群众需求，提供精准服务。这相当于为社会治理聘请了一位数据官，用数据精准分析群众需求，做到早预判、早发现、早解决，提升社会治理效率。

2．全域化调度

依托云上顶山指挥中心的1个基础支撑体系，以及防疫调度指挥、防汛调度指挥、基层治理指挥、典范城市调度指挥、长江禁捕指挥、视频连线会议6大支撑技术全景图，顶山街道实现了指挥调度全域化，高效掌握网格、单位、事件等辖区的运转情况，发挥智慧效能，用物联网撑起安全"防护网"，用区块链提升服务现代化水平。

3．区块链支撑治理

结合区块链技术，顶山街道整合集成了精准防疫与居民自治系统，通过打通健康码接口，运用人工智能及红外测温技术，将测温、验码、身份认证等工作整合在一起。

同时，顶山街道基于区块链小区自治应用平台，运用"链上"决策实行小区维修链上投票制，并贯彻实人、实房、实票原则，在保障了业主合法权益的同时，还让业主真正成了小区的"当家人"。

4．数字化锦囊

顶山街道在社会治理过程中不断探索软件、硬件的接入与应用，接入各种智

能设备，压缩管控盲区，运用好"芯"能力，构建全方位的治理防控体系，以消除服务死角。

社会治理是一个长期话题，而元宇宙的出现让其焕发出了新活力。从前对于人、事、物的治理千头万绪，效率非常低，但随着嵌入"元宇宙"概念，社会治理场景突破了时空的局限，精准、远程、全面成为现代化治理的新格局。相信在未来，除了顶山街道做出的这些尝试，政府和机构还会探索出更多的治理可能。

8.1.3　走进虚拟化时空，主动跨界创新形成社会治理新模式

跨界治理是一种借鉴西方治理思想并结合我国国情提出的一种现代治理模式。跨界治理模式指的是跨行政区治理、跨公私合作伙伴治理、跨部门治理 3 部分，目的是从城市与城市、政府与社会（市场）、政府部门与部门 3 个方面出发，构建一套有侧重、相互联系、互动合作的运作体系，以实现协同解决社会公共问题。

其中，跨行政区治理，主要针对区域性公共问题，如流域水问题、空气污染问题、跨区域犯罪、传染病防治等，借助行政区之间的合作可以降低交易成本，提高区域发展能力和整体竞争力。例如，我国京津冀、长三角、珠三角等区域，都需要建立跨行政区治理机制。

跨公私合作伙伴治理，主要针对基本公共服务规模小、效率低、质量低的问题，如教育、医疗、养老、消防、供水、园林维护、垃圾处置等，通过政府购买服务、合同外包等形式，提高公共服务供给量、供给效率和质量，满足群众多元化需求。

跨部门治理，主要针对政府部门各自为政的问题，通过机构兼并、信息共享等方式，实现政府监管"无缝隙对接"，从而杜绝办事"挑三拣四"的问题。

元宇宙对于跨界治理又有什么帮助呢？元宇宙作为一个无边界的虚拟世界，可以消除现实世界在物理空间上的局限，实现无缝跨界合作。不同行政区、企业和政府及各政府部门之间可以在虚拟世界实现资源共享、信息共通，从而打破地区和部门的边界，实现高效协同。

这一转变可以极大地提升治理效率，让不同部门、不同区域之间主动寻求合作，让沟通协作成为社会治理的常态。

8.2 应用场景：传统产业形态升级，新业态前景广阔

元宇宙与社会治理的融合让一些传统产业迎来了变革，如政务服务、金融服务、信息分析服务等。元宇宙变革了这些产业的管理和服务模式，由此产生了前景更广阔的新业态。

8.2.1 元宇宙政务服务，不可想象的管理与服务

城市是人们生活、生产的载体。近几年，我国的大型城市数量不断提升，城市空间愈加复杂，城市管理向精细化、模块化、场景化转变。互联网的崛起也导致人们的生活向线上转移，并且随着人们的生活进一步智能化及元宇宙的出现，城市管理正在发生多方面的变迁。

演变1：城市复杂度增强，管理范围扩大，多维度管理成为趋势。

生活工作的多样性提升了城市空间城市形态的复杂程度，让其具备了更多新内涵，也催生出更多数字应用场景。对此，城市管理可分为线下阶段、全连接阶段、互动阶段3个阶段。

（1）线下阶段。城市管理维度覆盖了人流管理和车辆管理。例如，智慧交通系统可以利用AI精准识别违法行为，自动取证，预测分析，辅助执行；智慧生活监控系统可以实时监控客群流量，自动预测客流高峰，精准排除危险行为。

（2）全连接阶段。随着大数据、物联网等技术的深度应用，各类基础设施连接网络，让环境等更多城市元素都可以被纳入线上管理范畴。例如，智慧环境监

测方案可以实时进行环境监测，并精准识别各类违规行为。

（3）互动阶段。城市基础设施在虚拟世界形成数字孪生体，居民可以在虚拟世界中与虚拟基础设施进行互动，城市管理范围从线下变为线上线下联动。例如，智慧网络安全解决方案可以精准审核违规信息，包括基础设施的网络安全问题。

随着城市管理的场景日益多样化，数据愈发重要，庞大的算力需求成为城市发展的底层动力。这既考验着技术发展水平，又考验着城市管理机制。如何协调跨部门的协作，共享城市数据成为关键。

演变 2：智能化便民服务提升效率。

我国政务数字化已经经历了 4 个阶段：第一阶段："一门一窗一网"，政务系统统一门户，网上办理兴起；第二阶段：全国全省一体化平台，政务全省通办、全国通办，电子证照全省共享、全国共享；第三阶段：业务流程优化改造，政务系统逐渐整合，减少材料，开启人脸认证、智能审批等特色业务；第四阶段：主动式智能服务，以用户为中心的沉浸式随时、随地、随行服务体验。

在疫情防控常态化趋势影响下，政务服务持续面临"提质增效"挑战。除了目前的这些数字化变革，还要进一步实现层级、地域、系统、部门、业务之间的有效融合。而元宇宙则为这一目标给出了终极指引，围绕元宇宙概念下的政务服务变革进程有望被加速。

（1）隐私计算技术提升多维度城市管理效率。数据的所有权、使用权、管理权分离一直是城市管理的难题。而在区块链技术的基础上，隐私计算可以保护用户相关的原始数据不泄露、隐私不暴露。同时，全范围的隐私计算技术将让数据在加密状态下，实现计算合作。这一技术将成为元宇宙时代城市管理的重要技术，提升城市数据管理的效率和安全性。

（2）AR/VR 赋能应急管理。AR 智能眼镜、无人机及地面全景相机的结合使用，可以实现地空一体化，便于实时回传灾情现场的高清视频，精准把握灾情变化情况。一线救援人员可通过 AR 智能眼镜、VR 摄像头，采集声音、视频等数据，将现场情况传递给远程专家，实现远程的跨平台协作。

（3）数字人提升智慧城市服务水平。英伟达在 2021 年 GTC 大会上，向人们展示了数字人进行日常生活服务的可能性。同理，数字人也可以引入政务服务场景，充当智能前台、智能顾问，从而将政务服务人员从重复性业务中解放出来，优化业务流程，实现提质增速。未来的政务服务部门可能会实现：无柜台远程服务、AI 客服 24 小时在岗、高效化业务导办、智能化员工培训等。

元宇宙与城市管理、政务服务的结合将带来不可想象的管理和服务，让人们的生活更加智能化、便捷化。

8.2.2　企业金融投资服务，未卜先知者的未来发展

除了政务服务，元宇宙在企业金融投资服务方面也有很大的影响。元宇宙对金融行业的影响可分为 3 个阶段：第一，元宇宙技术初现成效，但并不成熟，金融行业可能会经历营销与展业模式上的变革，如虚拟经纪人、游戏化展业平台、虚拟营销体验等；第二，元宇宙热潮已过进入沉淀期，真正创造价值的应用得以留存，供应链金融的数据获取与管理渠道发生改变；第三，元宇宙核心技术成熟，其应用将对金融行业带来颠覆式的改变。

目前，元宇宙对金融行业的影响还停留在第一阶段，不会改变金融行业的本质，但会带来更多元化的展业模式、更丰富的场景，从而提高服务的效率与质量。例如，元宇宙将改善客户体验，让客户随时随地都能享受到金融服务，无须等待就可以办理业务。

目前，已有多家银行布局元宇宙，主要集中表现在推出智能员工及金融场景拓展等方面。例如，百信银行推出数字员工 AIYA 艾雅，让其在短视频、虚拟直播、App 等场景与用户进行沉浸式互动。江南农商行也推出了业务办理数字人"言犀 VTM 数字员工"。它可以独立完成自助应答、业务办理、主动服务、风控合规等服务。

这些改变进一步优化了客服场景，通过虚拟社交和实时交互，提升了用户体验，实现了真正意义上的无处不在、无时不在的便捷性金融服务。

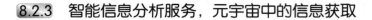

8.2.3 智能信息分析服务，元宇宙中的信息获取

元宇宙的出现，让信息获取和信息分析服务，变得更加智能和便捷。信息处理的效率提升可以进一步促进社会治理的精准化、人性化。

元宇宙的智能信息服务与大数据紧密结合，从海量的数据中对信息进行收集、加工、处理，以更便捷的方式向用户提供信息服务。由此可以过滤掉虚假信息，使信息获取的效率更高。

（1）从数据源上看，元宇宙智能信息服务可以获取大量不同格式、不同类型的数据，如文字、音视频、图片等，这样就解决了传统数据收集方法，如问卷调查、访谈等，样本量小、来源单一等问题，扩大可用的数据源。

（2）从数据分析上看，元宇宙智能信息服务常用的数据分析方法，如数据挖掘、统计分析等有助于研究者对所需数据进行高效统计，探索数据之间的关联，使信息服务更加科学。

（3）从数据呈现上看，元宇宙智能信息服务可以以更直观的方式展现研究结果，揭示内部各要素之间的关系，加深他人对研究结果的理解。

在元宇宙时代，智能高效的信息服务是十分重要和必要的，因为元宇宙中的数据体量是不可能估量的。想要提升元宇宙的治理效率，让人们在元宇宙中的生活体验更加贴心、方便，就必须重视数据的价值，更有效地利用数据。

8.3 入局之路：注重融合与升级

关于元宇宙与社会治理方面，企业该如何入局？答案是要注重融合与升级：一是以信息治理需求为出发点，提供综合化产品解决方案；二是针对机构政府需求，推出社会治理新手段、新模式。

8.3.1 注重社会信息治理需求，提供综合化产品解决方案

现代信息技术由众多具有创新性、时代性、生产力的信息技术组成，包括大数据、AI、区块链、5G、物联网、云计算等。信息技术的广泛使用本质上是社会革命，可以改变社会形态，解放生产力，引发人类学习、生活、生产等各个领域的变化。目前，社会信息治理是治理体系与治理能力现代化的普遍需求，企业可以以此为出发点，为其提供综合化产品解决方案。

科达面向区、街道的综合治理中心，发布社会综合治理解决方案，从数据化治理、网格化管理、扁平化调度、智能化感知四个方面，提升社会治理水平。除此之外，该平台还可以根据不同地市的不同需求，定制社会治理的功能，实现社会治理创新。

1. 数据化治理

大数据、智能化一直是创新社会治理的关键，该平台汇聚了社会治理相关的隐患、环境、网格管理等数据，打通了各部门之间的数据连接，并通过可视化大屏让所有数据上墙。

2. 网格化管理

该平台让网格化管理更加智能化。一方面，网格员在采集信息后可以通过移动端 App 将信息上报；另一方面，该平台可以为网格化管理全流程提供服务，例如，派单给网格员，管理考核网格员。网格化管理如图 8-1 所示。

3. 扁平化调度

该平台提供音视频融合调度能力，指挥中心通过平台可以实现一键调动网格员或联系问题归属部门，从而避免层层转接，相互推诿。

4. 智能化感知

该平台提供人像实时抓拍布控功能，可以实时关注特殊人员、区域动态，及时感知异常情况，并联系网格员或相关部门处理，实现问题上报智能化。

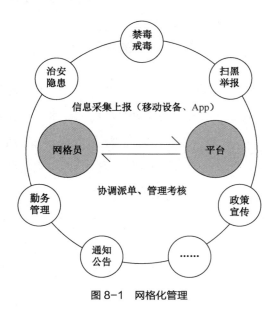

图 8-1 网格化管理

8.3.2 面向机构政府需求，推出社会治理新手段新模式

企业可以针对社会治理解决方案需求强烈的机构、政府部门，推出社会治理新手段、新模式，以入局元宇宙社会治理。

在 2021 年中国 AIoT（人工智能物联网）产业年会上，发布了"AIoT 新维奖"名单。其中，荣文科技推出的"新城建——智慧市政解决方案"获得了优秀产品奖。荣文科技作为智慧城市建设服务商，一直积极研究用 AIoT 技术推动城市基础设施建设，并受到了业内同仁的高度认可。

AIoT 产业融合了多种技术，创造了很多元宇宙应用，例如，将道路、楼宇等事物数字化到虚拟空间，然后在虚拟空间进行计算规划，最后返回到现实空间提升城市规划效率。

荣文科技自主研发的智慧市政平台将市政基础设施数字化、城市治理数字化与城市信息模型结合，对道路、桥梁、隧道、树木、灯杆、井盖等地上、地下的市政设施进行全生命周期管理，构建出与现实世界平行的虚拟城市空间，以实现城市的高效治理。

目前，荣文科技推出的智慧市政平台已广泛应用于市政资产管理、隧道防汛应急、古树名木监测、地下隐患监测等业务领域。以古树名木监测为例，智慧市政平台通过"传感+视频+AI 算法"，实现了实时监测树木的倾倒、移位、病虫害、土壤水分、营养成分等数据信息，并且还能通过大数据分析，对树木的安全隐患、生长状况精准研判，有效预测其生长风险。

荣文科技推出的"新城建——智慧市政解决方案"，推动了城市物理空间与数字化技术的融合，让社会治理有了新场景、新方式。

第 **9** 章

办公+元宇宙：突破线上办公限制

元宇宙的概念的提出本就是为了解决物理世界中人们的诸多不便，使人类过上更自由、更高效的生活。如果说像《头号玩家》那样的虚拟世界还太过于超前，短期内无法落地实现，那么尝试将元宇宙概念引入我们的日常办公就属于当前科技触手可及的范围了。随着大数据技术的井喷式发展，人们的办公早已和网络息息相关，从线上打卡到视频会议，未来人们的数字人格将在元宇宙承担更多的办公活动。

9.1 元宇宙变革线上办公模式

近年来，由于新冠肺炎病毒疫情的影响，许多企业都开始倡导居家隔离工作，视频会议、云上办公等线上办公模式已经成了家常便饭，技术已经发展得很成熟了，而随着元宇宙概念的引入，线上办公模式又将会发生怎样翻天覆地的变化呢？

9.1.1 办公走向虚拟化，为企业和员工提供便利

之前曾有人在微博进行过网络调查：你支持线上办公吗？答案只有两个，理由却五花八门。有的人说线上办公解放了压抑在路上的通勤时间，自己可以更有精力地开始工作；有的人说线上办公可以更自由地调整自己的时间安排；也有的

人说在家里舒适的环境下，自己的工作效率会更高。一些管理者对此也表示支持，员工在家办公可以节省企业日常开支，企业可以获得更高利润。当然也有人持反对意见，他们认为家里有老人、孩子打扰自己，实在不宜工作；还有人觉得在家里不够自律，没有工作氛围。但总体来说，支持者远远多于反对者。

实际上，线上办公已经成为一种常态。从最开始简单地线上打卡签到，到后来写工作日志进行汇总，发展到跨城甚至跨国的远程视频会议，办公早已从当初的全面线下慢慢走向了线上虚拟化。

对于互联网企业的员工来说，线上办公再寻常不过。通过一台电脑甚至一部手机，管理者就可以组织各个部门开一场会议，下达某个指令，员工就可以开始这一天的工作了。可以说，很多互联网公司用最小的员工成本构筑了相当大的抗风险能力，当因为突发情况员工无法回到岗位时，没关系，只要有电脑和网络，哪里都是你的工位。员工工作到位，企业自然也会运转正常。

9.1.2 工作场所进化，元宇宙提供虚拟办公空间

虽然线上办公模式已经发展得比较成熟了，但相比于线下办公终究缺少了工作的感觉。例如，在线下公司的会议室中开会，管理者与员工可以面对面交谈，不仅可以听到对方所说的内容，还可以从对方的表情、神态、动作中获得更真实的反馈，而在线上的语音或者视频会议就不会有这种体会。在线下上班，会穿着一致或接近的工服，在某种程度上不仅是为了避免攀比和职场霸凌，更是为了便于管理，使团队由内而外的统一，而在线上大家穿睡衣、穿短裤都无所谓，因为没有人会看到，但这也会助长员工的散漫之心。

而随着元宇宙概念的引入，线上办公模式迎来了巨变——元宇宙提供虚拟办公空间。

Meta 最近发布了一款远程办公 App Horizon Workrooms，它采用 VR 虚拟现实技术手段模拟出真实的物理空间，让与会者都可以以更具沉浸感的方式参加会议，并且通过 Meta 的 Oculus Quest 头盔和 Workrooms 的空间环绕音频和手部追

踪等功能，让人们可以感受到在虚拟世界中的立体声音和"真实"触感，诸如拿文件，打开电脑，会让与会人员更加有上班的正式感和严肃感，如图 9-1 所示。

图 9-1　Horizon Workrooms 虚拟会议室

此外，像 Immersed 和 Spatial 这样应用虚拟现实技术的 App 已经可以让参与者以虚拟化身或屏幕的形式进行交谈了，并且可以自主选择交谈的地点，可以是雪山上，也可以是湖边。同样，全息投影为用户提供了一个包含多个虚拟显示屏的工作空间，内含共享屏幕和远程白板，就像真实的会议室一样，如图 9-2 所示。

图 9-2　Immersed 虚拟会议室

上面提到的这些会议软件尽管有些功能尚待完善，但是随着区块链底层技术和 VR 技术设备的发展，保持软件虚拟化技术水平将会成为会议软件研发的一个重要战略方向。

9.2 应用场景：巨头动作不断，产品多样

目前的元宇宙很多设想都只是雏形，但随着一些互联网巨头的陆续加入，如微软、Meta、腾讯等，很多设想已经有了较为明确的规划和落地方向，例如，微软研发的办公软件 Mesh for Microsoft Teams、腾讯的"王者元宇宙"和"天美元宇宙"等游戏宇宙概念投资，各家企业动作不断，产品繁多，只为在元宇宙市场分得一席之地。

9.2.1 游戏与办公相结合，会议走进游戏世界

直到今天，在新冠肺炎疫情的影响下，人们依旧不能再像往常一样自由地上班，玩乐。各国政府都陆续颁布了限制居民外出的一系列法令，在这种形势下，人们必须学会接受线上远程办公，尽管它还有着诸多不成熟之处。

为了维持企业的正常运转，在不能见面的这段时间内，世界各地的上班族们八仙过海、各显神通地想出了各种妙计开会交流。例如，国外最近流行的一款游戏《动物森友会》，里面的角色都是可爱的小动物，还有无人岛上的花花草草，小鸟小鱼，在这种情境下开会可谓是十分解压了，如图 9-3 所示。

《动物森友会》毕竟只是一款 Switch 游戏，它的主要功能是帮助人类减压，在游戏世界中开辟出属于自己的小岛，过上轻松愉快的生活。也因此，开会的员工们时间久了总会心猿意马，不是想着去收大头菜，就是想着去钓鱼，完全违背了最初工作的初衷，而且游戏内也不方便进行文件的传输，非常影响工作效率。

虽然这次尝试以失败告终，但若是问起上班族们："你们喜欢在虚拟游戏世界里工作吗？"答案毋庸置疑是肯定的。

图 9-3　动物森友会会议

Zoom 作为为企业提供线上会议的主要软件之一，最近也开始尝试为用户提供一个"游戏环境"了。那么该如何既保留员工喜爱的游戏世界，又能避免员工分心，同时还可以快捷传送文件呢？Zoom 给出了回答：只上传游戏世界背景图片或动图。

此举非常见效。各大游戏厂商陆续在自己的官方账号里上传了自己的高清游戏背景图，例如，B 社为游戏爱好者们准备了《上古卷轴 5》和《辐射 76》的精美插图。而其他游戏厂商也不甘落后，复古格斗系、赛博朋克系等一系列精美壁纸免费提供给大家。

目前，Zoom 用户可以免费下载这些壁纸，并将它们替换为会议背景，虽然没有办法完全还原游戏中打斗或者休闲的场景，但还是让员工们体验了一把沉浸式游戏世界。游戏与办公的结合也完美找到了平衡点。

9.2.2　Meta 与微软齐发力，推出元宇宙会议平台

Meta 的创始人马克·扎克伯格曾在多次采访中表示了对元宇宙的看好。他表示，近几十年随着互联网科技的发展，人们之间的交流沟通越来越便捷，这也是他创办 Meta 的初心。为了让人们在互联网时代可以得到更具有视觉化、移动化品质的交流，从电脑到移动设备，从文字到照片，再到视频，人们之间的交流越来越方便，但这远远不是终点。

下一代互联网平台会更加注重用户的实体化体验，令用户拥有更真实的存在感，而这也是 Meta 在元宇宙领域所追求的目标，是社交技术的终极梦想，而这也是 Meta 和微软携手推出元宇宙会议平台的原因。

微软于 2021 年 11 月 2 号正式宣布进军元宇宙，发布了首个产品 Mesh for Microsoft Teams 软件，并将旗下的虚拟现实会议平台 Mesh 融入 Microsoft Teams 会议软件当中。而 Mesh 也是微软最新推出的软件，不同的人可以通过不同的设备，以虚拟形象甚至全息投影的方式在 MR 世界中与其他人自由交流、互动。

而 Meta 与微软的合作，正是将微软的 Microsoft Teams 集成到 Meta 的 Workplace 平台，这样用户就可以免去程序切换的苦恼了。这也意味着，用户可以在微软程序中访问 Meta 的内容，在使用 Meta 的时候也可以查看微软的视频会议，极大提升了人们的工作效率，交流沟通和工作两不误。

Microsoft Teams 是微软旗下一款即时通信工具，具有包括语音、视频会议在内的多种功能，还可以同步共享文档。而 Workplace 和 Meta 一脉相承，具备 Meta 的基本功能，包括动态消息、直播等多种社交功能，并且开创性地加入了表格分析等功能，具有较强的数据处理能力。

最初，人们认为微软与 Meta 的产品是竞品，都属于办公软件，并且功能相近，人们还会纠结用哪个产品的功能会更全面一些，会更适合自己的工作。但随着二者宣布合作，人们也不用再纠结选择哪个产品。

微软副总裁杰夫曾表示，世界上不会有独一无二的通信工具，每个人的电脑上都会有多款社交软件，而作为负责任的供应商，他们有责任将这些软件集成、互通，方便人们的生活。也正是出于这样的格局，两款产品才能达成合作，二者通过业务互补，互相弥补短板，深刻推动了未来元宇宙中的产业布局和发展。

9.2.3 *Com2Verse*：将公司搬进元宇宙

Com2Verse 是韩国手游公司 Com2uS 正在研发的一款产品，日前刚刚公布了游戏的预告视频和试玩视频。该游戏产品的最终目标是将现实世界"搬"进网络世界，届时用户可以在虚拟现实空间实现现实生活中的社交、工作等功能，并且可以进行经济和文化交流。可以说 *Com2Verse* 将会成为世界中的世界，如图 9-4 所示。

图 9-4 *Com2Verse*

通过这次官方公布的视频就可以看到，*Com2Verse* 涵盖了生活、工作、休息等现实世界中人类的一切活动，几乎人的一生都被囊括在内。跟随试玩员的脚步，人们可以进一步沉浸体验在这个"巨大的一体化镜像世界元宇宙平台"中工作和生活。

在崭新的办公世界中，企业员工不仅可以完成最基础的上下班、线上会议和工作汇报等云办公功能，还可以体验与现实世界中一样的各种细节，例如，乘坐电梯的拥挤、浇花的水洒到了桌面，甚至与同事交流和与老板交流的神态表情也会有所不同。当你打开工位上的电脑时，日历、邮件这些界面会启动最小化的悬浮状态。只有用鼠标点开它们，界面才会完全展开，就像在现实世界中一样，不同的是这些悬浮状态的界面使用起来比现实世界中的电脑桌面要方便、简洁。从视频中看，这些界面切换过程非常顺滑，极大地提升了用户的工作体验。

实际上，*Com2Verse* 包含了 4 个不同的世界，而此次视频展现出的仅是其中的办公世界，它为广大用户提供了智能化的办公空间。对办公世界的打造和优先展示了 Com2uS 公司对该产品的定位——不是游戏，而是要打造真正的元宇宙办公世界。

在注重打造办公世界的同时，*Com2Verse* 同样十分追求细节。例如，当测试员与上司办公室谈话时，在两人的对话中，通过实时语音和人物头顶上的视频，每个人的语气和表情都可以得到不错的呈现，与普通的视频会议相比，这里甚至可以通过人物角色进行简单的肢体语言表达。

而线上会议也变得更加真实。在会议现场，类似于现在的线上会议软件，与会人员的头像都会被显示出来，大家可以在会议过程中通过聊天窗口讨论，类似于线下的直接交流，而主讲人的 PPT 则会呈现在会场的大屏幕上，与真实情况别无二致，聊天窗口同时还支持即时文件传输。

目前，Com2uS 正在努力将社会文化等现实世界中的系统规则迁移到 *Com2Verse* 中，并计划于 2023 年全公司员工将搬入到该平台进行日常工作。随着元宇宙概念在技术上的成熟和发展，相信人类在元宇宙中办公的时代很快就会来临。

9.3 入局之路：聚焦企业和个人需求

元宇宙的发展离不开互联网和数字化，而若想在这片尚未完全开发的市场分得一杯羹，那就要聚焦企业需求和员工、管理者的个人需求。通过企业数字化转型，进而满足这些需求，赢得市场。

9.3.1 聚焦企业需求，提供定制化会展活动解决方案

会展是为企业提供会议、产品展览的活动，主要是一种商业性质的大型集体活动。在疫情之前，由于国家的政策优待，我国会展行业可谓风生水起，大大小小的会展活动在全国各地遍地开花，涉及的行业更是五花八门，包括电子商务、教育培训、医疗美容等。

而在疫情袭来之时，会展行业进入了寒冬期，大部分企业都没有人力或资金，也没有场地去举办会展了。随着诸多行业的企业在疫情之下纷纷开始数字化转型，会展行业的转型也迫在眉睫。原本数字化会展会为会展行业带来极大的发挥空间，毕竟在线上，什么样子的天马行空的创意都可以实现，但现实却是有相当一部分企业并不支持会展行业的数字化。

原因就在于不同行业对于会展的要求不同。例如，汽车行业，他们更加注重消费者的使用体验，讲解员的千百句话都不如消费者亲自坐在车里体验一把，而在线上，实现这种体验是极其困难的。像教育医疗培训这些行业，会展活动主要是为了进行专业知识的讲解，对于实际体验并没有过多追求，线上会展还可以节约场地经费，也因此在这些领域开展数字化会展会比较顺利。

虽然各个企业对于会展数字化的要求和态度不同，但总体来说还是支持者占多数。线上会展可以为企业需求提供定制化解决方案，节约场地和人员经费，同时让参与者的门槛降低，以前可能受制于时间和地点的限制，很多潜在客户都无法亲临现场，但现在有了数字化会展的存在，不管什么时间和地点，只要有网络和设备，用户就可以随时参观企业的会展，极大程度地挖掘潜在客户。

数字化会展会帮助企业更精细地掌握参展商和客户的信息，基于大数据标签下的用户画像可以智能识别聊天内容，记住重点信息，提升沟通效率。会展企业还可以通过对用户的参展轨迹分析，掌握用户最近的喜好偏向，精准投放广告，安排展览品，也可以通过后台统计工具，查看员工与客户的沟通和互动情况，确保有效沟通，提升业务运营的转化率，还可以监督员工，确保没有落下的任务，

每一项任务都能精准到位。

会展数字化是会展行业的未来发展趋势之一。近年来，会展行业在数字化方向上进行了许多尝试，但受各种条件的限制，依然没有得到一个令各方都满意的结果。目前仍然需要更多企业和技术的支持，才能实现会展数字化，为企业提供更好、更精准、更个性化的服务。

9.3.2 聚焦个人需求，推出开放的元宇宙办公平台

数字化的终点就是元宇宙。过去很长一段时间中，人们对于元宇宙中究竟可以做些什么始终没有一个明确的答案，而在元宇宙世界中完成线上办公已经成为元宇宙开发落地的最快方向之一。Meta 于 2021 年推出的首个 VR 元宇宙办公空间 Horizon Workrooms，虽然被吐槽为"半成品"，但互联网厂商们仍然在坚持寻找元宇宙办公的正确方向。

实际上自新冠肺炎疫情暴发开始，全球各地很多企业都有着远程办公的需求，但以往的线上办公模式，很难让员工与团队良好融合，特别是对于刚刚入职的新员工，受限于交通管制，从面试到入职再到工作，可能都不会与其他老员工见到一面，团队氛围严重缺失。而元宇宙办公空间的最大优点之一就是通勤时间非常短，在元宇宙里，从员工的住所到办公大楼，路程不长，但也可以让员工体验通勤的真实感觉，让员工有每天都在辛苦工作的真实感。

除此之外，元宇宙办公也为员工提供了与其他人才交流的良好空间。现实世界足不出户就可以与其他城市，甚至其他国家的优秀开发者一起工作，以往崇拜的"大牛"可能在元宇宙中就是你的同事，工作中的问题可以交流，甚至可以发展为线下的友谊，如此工作条件和环境是以前几乎不可能实现的。

而且现阶段的年轻员工最注重的就是个性化的体现，有趣和自由度更高的工作深受年轻人的喜爱。而在元宇宙办公空间工作，在一个如此高自由度、高开放度的平台工作，会极大地提高员工的工作效率。在这里，员工可以自由地装饰自己的桌面，调节座椅的舒适度，"云"养一盆绿植，需要的工作资料可以轻松拿到

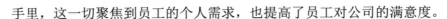

手里，这一切聚焦到员工的个人需求，也提高了员工对公司的满意度。

　　当然，现阶段的元宇宙办公仍然存在不少缺点，最典型的就是工作和生活不好切割，以往和同事一起吃午饭如今却只有自己。如果能真正解决这些交互的课题，员工与员工、员工与公司之间的氛围也会和线下一样，闲下来的下午茶、忙里偷闲地浇花喂鱼。在元宇宙中会形成真正在一起工作的氛围。虽然目前在元宇宙里还无法实现咖啡机前偶尔忙里偷闲的闲聊，但相信在不久的将来，"一起工作"的核心理念也一定会在元宇宙办公空间实现。

第 **10** 章

制造+元宇宙：赋能智能制造

伴随元宇宙的快速发展，它在诸多现实场景中都实现了广泛应用，特别是在全球科技与产业竞争核心的智能制造领域。元宇宙与智能制造融合的本质是重构企业研发、制造、销售、终端四大场景，相当于把企业打包进虚拟世界，在虚拟世界中建设一座虚拟工厂。这座工厂与现实工厂的数据同步，各种生产要素可视化、可分析、可验证、可智能管理，从而减少运营维护成本，提高生产效率。

10.1 元宇宙推动智能制造升级

元宇宙的介入让智能制造进一步升级，数字孪生技术的应用，帮助企业建立虚拟工厂，实现虚拟状态的测试和分析；AR 技术让产品设计不再产生材料浪费，实现降本增效；虚拟场景的搭建丰富了营销场景，赋予了用户更优质的体验感。

10.1.1 数字孪生助力元宇宙智能制造

在元宇宙智能制造的建设中，数字孪生技术具有非常重要的地位。数字孪生是一种将现实世界镜像化到虚拟世界的技术，通俗讲就是在一个虚拟系统上，创造一个数字版的现实世界的"克隆体"。数字孪生体最大的优势在于它是会"动"的，而且它"动"的依据，来自本体传感器上的数据反馈，即本体的状态变化和外界环境的变化，都会呈现在"克隆体"上。除此之外，"克隆体"的情况也会反映到本体上，从而实现优化实际本体的性能。

数字孪生技术的特性使得元宇宙智能制造拥有极强的可塑性。以我国航天为例，数字孪生技术在研发中起到了关键作用，研究人员通过构建一个和飞船一模一样的虚拟模型，使得神州十二号飞船在执行出舱活动任务之前可以进行无数次模拟飞行，从而提升研发效率和控制研发成本，另外还可以进行现实中无法操作的实验。

如果把元宇宙中的智能制造比喻成一款游戏，那么数字孪生技术就是游戏引擎，元宇宙智能制造中的所有人、设备、场景都由它赋能。维护人员可以轻松通过 AR/VR 设备进行数据追溯、故障点精确定位、远程操控、诊断恢复等工作。

随着企业数字化转型的浪潮，以及疫情常态化的趋势，今天的产品越来越注重个性化，迭代的压力不断增长，对制造业的要求越来越高。产品验证周期长、依赖实物、工艺灵活度低等问题一直是制造业企业的痛点，而数字孪生技术刚好为它们提供了解决方案。

全球知名的食品公司玛氏公司在生产端采用数字孪生技术支持其业务。该公司使用 Microsoft Azure 云平台和人工智能技术来分析各种生产设备产生的数据。玛氏公司通过数字孪生技术进行设备的预测性维护，提高设备的正常运行时间，从而进行流程控制。除此之外，该公司还使用数字孪生技术生成了虚拟的"用例应用商店"，作为调整业务线的基础模板。未来，玛氏公司还计划使用数字孪生技术控制影响产品的气候和场景因素，从而了解从产品原产地到消费者的全流程。

除了制造生产领域，楼宇自控企业江森自控也在配置数字孪生。例如，江森自控在新加坡的创新中心安装了大量的传感设备，包括测量风量的通风装置、办公家具传感器等，生成了建筑物理空间的数字孪生体。

随着各企业对数字孪生技术的不断探索，这些新技术会逐渐推广，应用到新产品、新工厂中，元宇宙智能制造也将变得更智能化、更人性化。

10.1.2 赋能工业设计，降本增效

工业设计指的是基于工学、美学、经济学对工业产品进行设计，其目的是为人们创造有价值的东西，而不是仅外观漂亮，却无法解决实际问题的产品。工业设计是制造业领域的重要工作，它依赖于物理材料和流水线，一直以来，成本高、浪费严重、效率低是各大企业工业设计的痛点问题。而元宇宙的出现改变了人们对有价值事物的定义，而这一改变将颠覆工业设计领域。

首先，产品生产不再受限于物理材料和流水线。人们想要改变服饰甚至汽车的设计，不需要浪费材料重新生产，只需要通过 AR 头盔调整几个参数。这使产品更具可持续性，不会因改变设计额外产生新的材料浪费，进而也就降低了企业产品迭代的成本，提升了对用户需求的响应速度。

其次，产品品类更加多样和灵活。传统的工业设计受限于物理材料的生产工艺，很多创意设计不能实现，但通过元宇宙，更多古怪的设计可以在虚拟世界被实现。另外，结合 3D 打印工艺，这些设计便可以出现在现实世界中。这将极大地丰富人们的物质生活，更加方便人们进行个性化表达。

10.2 应用场景：平台赋能企业与个人开发者

在元宇宙时代，产业需要更强大的工具为元宇宙世界输入不同的模型。不同制造平台的出现让企业和个人的开发工作变得更加简单，以前需要大量人力、物力才能开发出的产品，现在只需要少量的人力，结合自动化、虚拟化设备即可实现。

10.2.1 Unity 携手现代汽车，构建元宇宙制造平台

Unity 与现代汽车公司在 2022 年的消费电子产品展上宣布合作设计、打造元

宇宙工厂。元宇宙工厂是由元宇宙平台驱动的数字孪生工厂，其能让现代汽车在虚拟空间中测试、评估、计算、营造出最佳作业环境，无须员工在现场检测。

双方合作的目的是打造一个实时 3D 平台，为消费者提供更全面的销售、营销、消费服务，让消费者有机会在购车之前进行虚拟试驾，检验并了解汽车相关性能。

现代汽车计划以新加坡创新中心为试点，将其打造成开放的研发中心，促进 AI、5G 及其他新技术与智能工厂的整合，从而进一步加快智能制造的发展。

元宇宙工厂最大的功能是借助元宇宙和数字孪生技术提高工厂的效率与产量。Unity 在 3D 可视化、CAD 流程衔接、物理模拟、机器学习、互动内容制作等方面非常有经验。它可以让元宇宙工厂实时监测生产流程、进行生产模拟、自动化机器人训练，从而为未来的元宇宙工厂树立一个榜样。

除了多种技术的有机结合，大体量数据处理工作也不容忽视。元宇宙工厂产生的数据预计会达到 1 000 000 GB，这样规模的数据量需要借助 Unity 的数据优化与传输技术处理。

除了汽车机械制造，汽车营销和自动驾驶研发也可以应用 Unity。用 Unity 制作的市场营销数字内容可以达到真伪难辨的画质。同时，企业可以快速制作出车型配置器、虚拟展厅、培训应用等互动应用。另外，在自动驾驶研发领域，企业可以在虚拟空间中搭建各种行车环境，以此检测极为罕见的驾驶情形，提高自动驾驶的安全性。

Unity 的目标是普及元宇宙和数字孪生技术，让人人都能制作自己的项目。而此次 Unity 与现代汽车的合作就是一次有益尝试。随着这类平台被广泛应用，未来，在制造领域，汽车、建造的设计师与工程师就能随时获取产品的数字拷贝，提升整个工作流程的效率。

10.2.2 英伟达推出虚拟协作平台，瞄向"工程师的元宇宙"

在 2021 年的 GTC 大会上，英伟达创始人黄仁勋介绍了多项新技术，其中最受瞩目的当属被定义为"工程师元宇宙"的虚拟协作平台 Omniverse。

相比 Meta（原 Facebook）构建的"消费者元宇宙"，英伟达的目标则是提供一个生产力工具。英伟达的产品经理 Michael Geyer 这样形容 Omniverse："它就像是亚马逊的 AWS，这些为自己构建的东西可能对世界有用。"

英伟达为 Omniverse 的发布已经准备了 5 年。在这 5 年间，计算机图形学有了很大进步，但 3D 内容依然存在诸多问题。相比 2D 内容丰富的制作工具，3D 内容的制作工具仍有缺失。例如，3D 内容的数据集增加快，很难移动数据；3D 工具烦杂，很多工具不能兼容；没有足够强大的硬件处理 3D 内容等。为了解决这些问题，英伟达创造了 Omniverse。

Omniverse 具有明确的构造，分为 5 个部分：Nucleus 是核心，负责协调所有服务和应用；Connect 负责连接 Omniverse 和其他 3D 工具；Kit 负责让开发者能用自己喜欢的语言进行开发；Simulation 负责物理模拟；RTX Renderer 负责渲染图像。

Omniverse 在 2020 年 10 月已经开始公测，有 1.7 万名客户进行了体验。其中，宝马集团利用 Omniverse 构建了自己的数字工厂，效率提升了 30%；英国建筑设计企业 Foster + Partners，则把 Omniverse 当作实时协作工具，提升了团队协作效率。

而在 2021 年 GTC 大会上发布的 Omniverse，增加了许多辅助工具和垂直应用。

首先是 Omniverse Avatar。它可以帮助开发者创建虚拟角色。这些角色能够与人交互。在 GTC 大会上，黄仁勋就展示了用 Omniverse 做出来的机器人，包括可以与顾客谈话点餐的服务员，可以与车主对话的车载虚拟助手，以及可以回答天文问题的黄仁勋自己的 AI 形象 Yoy-Me。

其次是 Omniverse Replicator。这是一款用户训练神经网络的数据生成引擎，它可以代替人工处理复杂 3D 数据的工作。基于这个引擎，英伟达还发布了面向通用机器人的 Isaac Sim 及面向自动驾驶的 DRIVE Sim 两款应用。

Isaac Sim 被黄仁勋称为逼真的仿真机器人，它支持传感器建模，并且能真实地模拟物理特性。DRIVE Sim 则可以模拟出自动驾驶汽车上的"环绕摄像头"，包括运动模糊、滚动快门、LED 闪烁等，可以帮助自动驾驶算法训练自己。

英伟达的 Omniverse 相当于是元宇宙的基建工程。它构建了一个基础平台，让所有的开发工作都能基于这个平台变得简单方便，为丰富的元宇宙内容提供了技术支持。

10.2.3 智能制造加速发展，虚拟化智能工厂或将实现

元宇宙与工业的碰撞会摩擦出哪些火花？虚拟化智能工厂的实现就是其中最好的体现。

小米的黑灯工厂是一座虚拟化智能工厂。整个智能工厂几乎全关灯，没有工人存在，却能一秒生产一部小米手机。

在小米十周年庆典之际，创始人雷军向公众透露了小米未来发展的新方向，即位于北京的小米智能工厂。

小米智能工厂总面积 1.86 万平方米，投入资金高达 6 亿元，主要负责生产高端手机、新工艺材料和技术的大型实验、制造设备和生产线实验三项工作。

小米智能工厂的出现也是小米进行技术下放，从做代工向生产商转变的信号。现在的小米已经开始向制造业靠拢，它不仅自研智能芯片、智能设备，还开始整合整条生产线，实现设备生产、加工、运输全程自动化。

小米的黑灯工厂并非只是一个噱头，它的实现涉及许多技术的应用。传统工厂使用人进行决策，其决策能力远高于机器，可以做到出现错误及时更正和修改。而想要实现黑灯工厂，小米就需要用机器进行决策，通过大数据、自然语言理解、自适应能力等技术，让系统能够自主识别、判断，实现像真人一样的决策效果。

小米智能工厂的实现，除了实现了小米从品牌商向生产商的转型，对整个制造行业来说也是一个机遇，无人化生产将会进一步提高生产效率，降低成本，进而带动整个制造业的发展。

10.3 入局之路：提供硬件与技术平台

面对元宇宙对制造领域的影响，企业可以从两方面入局：第一，瞄准元宇宙入口，提供基础硬件和工业自动化产品；第二，提供公共平台，创造智能制造新场景。

10.3.1 瞄准硬件，提供基础硬件和工业自动化产品

就像现在的手机一样，未来在元宇宙中也会提供虚实界面入口的硬件设备，如 XR 头显、机器人、脑机接口等，而为消费者提供这些设备就是企业入局元宇宙的一个好机会。

联想集团曾在 Tech World 上展示过一项技能——修飞机。当时舞台上有一台故障的飞机发动机，研发人员戴上 AR 眼镜，眼前的发动机就变成了虚拟发动机。研发人员轻轻挥手便将虚拟发动机分解开，繁杂的零件展现在眼前。AR 眼镜与云平台相连，可以调取维修数据，通过虚实叠加技术，系统会初步判断出哪些零件可能存在问题。然后，研发人员呼叫远程专家，专家利用实时影像判断故障所在，并远程指挥研发人员进行现场修复。

这是中国企业 AR/VR 技术最早在智能制造领域的应用之一。联想从 2015 年开始布局 AR 相关技术，之后陆续推出了增强现实眼镜、计算机视觉模组等产品，并结合需求和痛点，形成了智能生产、运维、检测等领域的智能化解决方案。

联想曾与国产大飞机项目达成合作协议，用混合现实与计算机视觉技术帮助国产大飞机的生产制造，包括航电检测、连接器装配、机器人部件喷涂等。

以连接器装配为例，某型号国产大飞机机身中有 700 多个线束，3 000 多种固定线束零件，总零件数超过 15 万个。想要在狭小空间内把每根线精准插到对应的孔位中，需要 3 位工人协同工作，分别负责操作、指导、检测。而有了 AR 眼镜，

3 个人的工作 1 个人就能完成，AR 眼镜会精准呈现出每条线对应的孔位，从而降低工作的复杂性。

目前，很多具有前瞻性的科技巨头正把 AR 当作元宇宙的入口来研究。联想集团商用 AR/VR 团队负责人 Nathan Pettyjohn 曾这样描述 AR："AR 可以增强人类的决策能力，有助于为现场工作提供更强的劳动力。"知名分析师郭明錤也曾发表过预测，AR 眼镜将在 10 年内取代 iPhone。

可见，在未来，人们将拥有更智能、更沉浸化的终端设备，这一设备将是引导人类进入元宇宙的入口，人们借助它体验、感受元宇宙世界。而关于这一设备的研发和制造将是企业进入元宇宙的一个重要机会。

10.3.2　瞄准技术，为企业提供元宇宙智能制造场景

除了硬件以外，企业还可以瞄准技术，通过搭建智能制造场景来入局元宇宙。

北京四度科技 VR 公司是一家综合性科技公司，为了提升企业的生产效率，它推出了数字化工厂综合管理虚拟现实系统。

数字化工厂综合管理虚拟现实系统利用虚拟现实技术，以生产要素为基础，对工厂的产品设计、生产设备、生产流程、工厂管理四部分进行数字化建设，并将其整合成综合管理系统，使企业能够对整个生产过程进行科学规划和监管，从而降低生产管理成本，保障产品顺利生产。

1. 产品设计

北京四度科技 VR 公司的技术团队根据不同产品进行仿真模拟，建立了基本模型库，方便产品设计师调用。另外，技术团队还在系统中加入了经验公式模板、防错机制等，在提升设计效率的同时，还能最大限度地避免产品缺陷，使新员工也能具备资深设计师的能力。产品设计虚拟现实系统，通过将设计手段与设计过程数字化，缩短了产品开发周期，提高了企业产品设计效率。

2. 生产设备

北京四度科技 VR 公司的技术团队利用三维仿真技术对工厂内生产设备进行

仿真模型搭建，并将每一种设备模型与信息库连接，开发出生产设备虚拟现实系统。这样工厂的工人既可以在系统中学习设备的基础知识，又可以进行实际操作培训。

当工人调出需要学习熟悉的设备后，可以对模型进行全方位查看，并利用人机交互技术，对模型进行组合拆卸或缩放，具体对某一个零件进行学习。生产设备虚拟现实系统实现了生产设备的数字化、自动化、精密化，可以提高工人对设备的学习效率，降低设备管理难度。

3. 生产流程

北京四度科技 VR 公司的技术团队构建出的虚拟工厂可以让工厂管理人员在虚拟工厂里面漫游，工厂管理人员只需要操控 VR 手柄就可以实现对工厂内部设备进行规划布局，搭建生产流水线，安排生产流程。在生产流程虚拟现实系统中搭建好流水线后，工厂管理人员还可以模拟生产设备的运作过程，提前获得生产线运行信息，从而实现科学评测生产流程设计方案，及时调整布局，避免了流水线搭建错误造成损失。

4. 工厂管理

北京四度科技 VR 公司的工厂管理虚拟现实系统通过模拟工厂生产设备的工作过程，实现在虚拟场景对生产过程进行实时监控。该系统还可以将流水线上的生产设备的工作状态可视化，工厂管理人员可以实时查看设备的温度、状态等参数，及时掌握生产情况。除此之外，该系统还设置了设备故障报警机制，工厂管理人员能第一时间准确定位故障设备，并及时修理或更换，使工厂的生产工作不会中断。

今天的制造业面临着成本高、环保标准高、竞争压力大等挑战，进行智能制造转型已经是一种必然趋势。这种转型可以通过技术性改造，例如引入物联网、云计算、大数据等新技术来实现。广大科技企业可以根据这一需求，为制造企业搭建一个技术平台，帮助它们从传统工厂向智能工厂转型，提升绩效，降低制造成本。

第 11 章

电商+元宇宙：持续发展的财富密码

　　元宇宙的出现打破了空间的界限，让以前没有联系的世界产生了关联，这在消费体验上尤为明显。以前人们在线上的购物，大都是浏览商品详情页，现在随着技术升级，直播带货、3D展示等形式出现了，消费者有了更真实、沉浸的体验。

　　在元宇宙时代，电商有了飞跃式的发展。AR（增强现实）、VR（虚拟现实）、MR（混合现实）等技术让商家与消费者实现了视觉、听觉、触觉等多感官交互，让看不见、摸不着的线上电商逐渐拥有了线下实体店的体验感。

11.1　传统电商模式迎来巨变

　　元宇宙让传统电商模式迎来了巨变。元宇宙电商有望创造一个比现实世界大10倍的经济体，商家可以开设虚拟直播间，在虚拟世界直接创造内容，利用虚拟主播直播等，通过打造沉浸式体验，创造全新的购物与生活方式。

11.1.1　流量红利消退，元宇宙成为电商破局点

　　元宇宙概念的提出，为人类社会的数字化转型提供了新路径，更繁荣的数字经济将成为现实。在新的经济环境中，电商也会发生颠覆性的变化，拥有全新的购物体验。如今，流量红利的消退，让电商运营陷入"内卷"状态，同质化、低

价竞争层出不穷，而元宇宙的出现，或许可以成为电商的一个破局点，让数字商品拥有高价值，模糊线上线下的边界，做到"在线即在场"，从而帮助品牌打破"内卷"，拥有更广阔的增量空间。

目前，很多品牌都开启了元宇宙电商模式。下面会从人、货、场 3 个方面来介绍元宇宙电商。

1. 人

元宇宙的主要用户是 Z 世代。他们成长在互联网语境下，注重体验感和个性化表达。元宇宙电商要引领年轻消费群体，就必须始终站在他们的角度，不断完善产品功能，给用户带来更好的使用体验。

2. 货

在元宇宙时代，产品不只有实物形态，还有数字形态。数字商品的价值被广泛认可，形成了新的市场。

3. 场

电商 1.0 时代，主要靠图文展示产品，消费者很难了解商品的全貌。电商 2.0 时代，通过短视频、直播带货等形式，能让消费者全方位看到产品，体验感大幅提升。而到了元宇宙代表的电商 3.0 时代，消费者能够身临其境地体验商品，甚至可以像在实体店一样，在身上试穿。

元宇宙电商给了品牌一个重塑自己的机会，产品设计不再受物理惯例的约束，交易场景不断扩大，这将意味着新的商业模式、新的客户、新的市场，以及隐藏在其中的巨大利润。

11.1.2 3D 虚拟网络直播间，开启电商直播新玩法

3D 虚拟网络直播间是一种新兴的直播模式，依托于 XR 扩展现实技术，打破现实与虚拟世界的壁垒，可以让虚拟与现实共同出现在直播间。

3D 虚拟网络直播间的主播只需要准备一块绿幕和一台设备，就可以通过 3D 虚拟直播导播系统进行直播。该系统可以帮助主播模拟出需要的场景，例如家装、

工厂等，实现各种背景一键切换。

另外，数字化后的商品可以在 3D 虚拟网络直播间里进行 360 度展示，与消费者实时互动，从而提高消费者的购买欲望，如图 11-1 所示。

图 11-1　3D 虚拟网络直播间商品

如图 11-1 所示，主播在 3D 虚拟网络直播间介绍红烧牛肉面时，可以随手展示商品的 3D 模型，同时将背景键切换到厨房，模拟出制作红烧肉面的场景，让观众拥有沉浸式观看体验，从而增加对商品的信任。

这种 3D 虚拟网络直播间是如何构建的呢？答案就是高精度三维扫描技术。高精度三维扫描技术又被称为实景复制技术，它可以为现实环境里的场景、人物、物体快速建模，将它们采集到虚拟空间中去，从而构建一个完美的虚拟世界。

这种技术可以帮助电商平台建立三维实体模型数据库，从而实现商品模型的零成本快速分发，用于电商直播、视频录制等各种形式的宣传展示。

3D 虚拟网络直播间实现了虚拟与现实的无缝衔接，降低了电商平台供应链环节的成本耗损，提供了一条经济、高效的数字化商品供应链。

11.1.3　虚拟主播代替真人主播，全天直播不间断

在真人直播竞争越来越激烈，头部主播资源稀缺的当下，与虚拟主播互动，

成了直播界的新选择。

伴随着 Z 世代消费力量的崛起，消费者开始倾向为自己的兴趣买单，越来越多的虚拟 IP 涌现，它们拥有成百上千万的粉丝，甚至比真人明星还要有影响力。2020 年中国二次元用户规模达 6 亿人，其中核心用户为 1.5 亿人，体量惊人。

与真人相比，虚拟 IP 带货能快速形成粉丝经济闭环，让其先天具备了内容差异化的优势。淘宝、抖音等电商平台已经察觉到了虚拟主播的这一潜力，并且在不断倾注资源推广。在 2020 年淘宝直播 MCN 机构大会上，淘宝表示会重点扶持二次元虚拟主播；抖音上线了元气学院，以"短视频+直播"的形式鼓励二次元创作。

李佳琦曾尝试与虚拟偶像洛天依一起直播，洛天依的亮相为当晚的直播增加了很多话题和看点，一度登上热搜。除此之外，海尔在"阳小葵漫游奇境"主题直播新品发布会中，也亮相了动漫 IP 阳小葵，如图 11-2 所示。海尔通过搭建虚拟 VR 场景，将科幻场景"搬"进直播间，虚实结合的直播体验为消费电子行业开启了新的未来趋势。

图 11-2 "阳小葵漫游奇境"主题直播新品发布会

虽然已经有一些成功的案例，但虚拟主播替代真人主播的优势和弊端也很明显，可分为以下两点。

1. 优势

首先，虚拟主播更具趣味性，其新颖的直播形式更容易在雷同的直播间中脱颖而出。其次，虚拟主播与真人主播相比，直播的时间无上限，可以全天不间断直播，随时随地与观众互动。最后，虚拟主播比真人主播可控，不会出现跳槽或绯闻等负面事件，不会造成意外损失。

2. 劣势

虚拟主播与真人主播相比，带货时与消费者互动能力弱，不易打动消费者。另外，虚拟主播的相关技术尚未成熟，直播过程中容易因为技术原因，出现图像无法显示或中断等事故。

可见，虚拟主播还有很大的发展空间，而且在 5G 时代下，VR、AR 直播还会有更强大的技术支持，让电商直播的内容更加丰富。除此之外，提高群众的接受能力也是目前电商的一个重要工作，二次元人群毕竟属于少数，想让观众完全接受虚拟主播，还需要改变他们的认知，提高他们对虚拟事物的价值认同。

11.2 应用场景：传统电商企业加码，加深探索

面对元宇宙在电商领域引发的巨大变革，许多电商巨头们也展开了积极的探索和布局，阿里巴巴的 Buy+ 计划、蓝色光标的立体电商战略及 Highstreet 电商元宇宙，都是这一探索的成果。

11.2.1 阿里巴巴接轨元宇宙，布局元宇宙电商

阿里巴巴早在 2016 年就推出了 VR 购物 Buy+ 计划，让 VR 购物正式出现在消费者面前。Buy+ 计划指的是通过计算机图形系统和传感器，生成三维购物环境，让用户可以与虚拟世界中的人和物互动，甚至可以将现实世界中的场景虚拟化，让用户足不出户就能体验到这个场景。这个计划曾经在美国的 Macy's（梅西）百

货、COSTCO（好市多）百货、日本的 Supature（松本清）药妆店等全球多个百货商店开放。

2021 年，阿里巴巴更新了 Buy+计划，在淘宝造物节上展示了基于 PC 端的 3D 建模虚拟购物场景，而在"双 11"的 VR 会场中，Buy+计划更是直接进行了实战应用，所有淘宝用户都可以体验 VR 购物。阿里巴巴将此次 Buy+计划升级意在为用户提供极致的购物体验，通过观看全景视频，营造在全世界逛街的感觉。通过渲染目的地整体环境氛围，提升购物乐趣。

除此之外，阿里巴巴还趁着 2021 年元宇宙大火的契机，在旗下的达摩院研究所建立了 XR 实验室，并召集众多 3D 建模和全息技术的专家，进行进一步的技术研发。

在 2021 年阿里巴巴云栖大会上，XR 实验室负责人谭平在演讲中介绍了和天猫合作的全息店铺的案例，XR 实验室通过三维技术帮助品牌构建出线下店铺的 VR 模型，用户可以在这个虚拟店铺中漫游，查看商品详情或者下单购买产品，从而实现沉浸式线上购物，实现足不出户逛遍全球。

XR 实验室还与松美术馆合作开发了 AR 艺术展。用户戴上 AR 眼镜就可以进入艺术家设计的虚拟世界中，并且可以和虚拟世界中的元素互动。通过这个虚拟空间，艺术家也可以更好地向公众展现自己的作品，介绍自己的艺术理念。

除了 XR 实验室，面对元宇宙的大浪潮，阿里巴巴也在为自己的元宇宙招兵买马。

阿里巴巴先后参与了 AR 独角兽企业 Magic Leap 的 C 轮和 D 轮融资，投资金额达 7.935 亿美元。根据天眼查的数据，阿里巴巴先后申请注册了阿里元宇宙、淘宝元宇宙、钉钉元宇宙等商标。不仅如此，阿里巴巴还成立了杭州数典科技有限公司，布局 VR 硬件领域。

根据目前已披露的信息来看，阿里巴巴的核心业务依然在电商，其将会围绕淘宝、天猫等电商平台，打造元宇宙平台，以为已有的用户体系和内容生态体系创建更优质的服务和体验。

11.2.2 蓝色光标抢滩元宇宙，打造"立体电商"

蓝色光标是一家为企业智慧经营方案的数据科技公司，包括智慧营销、数字广告等，服务覆盖全球的主要市场。面对元宇宙的热潮，蓝色光标基于过去二十几年的服务经验，也开启了元宇宙的战略布局。蓝色光标通过与多家行业顶尖企业建立合作关系，共同打造了囊括虚拟直播、虚拟空间、虚拟人三大场景在内的完整生态链。

2021 年 10 月，蓝色光标集团副董事长熊剑在阿里巴巴云栖大会上展示了蓝色光标数字达人服务全景图 1.0，拉开了元宇宙在营销行业的序幕。会上，蓝色光标还宣布与阿里巴巴达摩院达成合作，将携手开拓虚拟直播技术应用，赋能电商行业。

2021 年 11 月，蓝色光标投资 XR 企业当红齐天，并与其子公司齐乐无穷签署合作协议，联合推动 XR 体验拓展应用。

2021 年 12 月，蓝色光标与百度希壤达成合作，携手推动元宇宙与营销的融合。蓝色光标还宣布将在希壤虚拟空间打造一座专属建筑，作为元宇宙营销的示范基地，让客户和消费者能体验到前沿的元宇宙技术应用。

2022 年 1 月，蓝色光标发布数字虚拟人"苏小妹"，通过中国传统文化和前沿科技，打造具有"文化符号"价值的虚拟人，推动文化创新。

蓝色光标在元宇宙上的布局囊括了营销的人、货、场 3 个方面，不仅突破了电商营销在形式上的局限，更让用户有了更奇特、更沉浸的体验。可以想象，未来的营销广告不再只是二维平面的，而是三维立体的，人们可以与更加立体、真实的虚拟元素发生互动。

11.2.3 Highstreet 电商元宇宙，探索未来市场

Highstreet 是一个包含了角色扮演、P2E（Play to Earn，边玩边赚）、社交、房地产交易元素的元宇宙电商平台，其产品目标主要是解决两个问题。

1．供给侧：为社群经济提供一套新的变现方式

社群的 KOL（关键意见领袖）可以在 Highstreet 上与零售品牌联合发布商品。这批商品以 NFT 的形式存在，持有这些虚拟商品的用户，相当于持有一张提货券，用户可以凭借这些虚拟商品在线下提取与之对应的商品。发起这些团购项目的 KOL 相当于互联网电商的社区代理。

这个模式将为社群经济提供非常大的想象空间，例如，创作者可以在 Highstreet 上发起众筹，发布 NFT 形式的虚拟商品，这可以让商品在完成之前就流通起来，让创作者提早获得收益，应用于产品的制作。

2．需求侧：去除中间商，提高商品的流动性

目前，互联网已经逐渐步入 Web3.0 时代。所谓 Web3.0 指的是用户在互联网上拥有自己的数据，并能在不同网站上使用。然而现在的新零售主要靠抢占更多的消费入口盈利，而这个入口的价值归平台所有，并不是归用户所有。

而 Highstreet 在接入亚马逊等电商平台后，就相当于将消费入口放到了元宇宙里，现在这个入口的价值便归元宇宙的所有用户所有，这就是一个典型的Web3.0 商业模式。在 Highstreet 中，各种 NFT 虚拟商品可以随时买卖，保持永恒流动性。

Highstreet 凭借其产品原型完成了多轮数额巨大的融资，可见资本市场对这种原生的元宇宙电商平台非常看好。但是 Highstreet 想要建成一个综合性的元宇宙的电商社区，还需要为其加入更多创意元素，才能让用户拥有更高的沉浸感。

11.3　入局之路：以人和场变革传统电商

对于元宇宙电商，各大企业可以从人和场的变革来入局。企业可以提供虚拟数字人解决方案，打造更真实、智能的数字主播。另外，还可以提供虚拟场景解决方案，让更多品牌在元宇宙中开店。

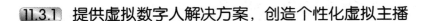
11.3.1 提供虚拟数字人解决方案，创造个性化虚拟主播

虚拟数字人作为元宇宙发展的一个热点，被很多大厂和个人所关注。在电商领域，虚拟主播、虚拟讲解员、虚拟代言人、虚拟员工等，虚拟数字人的应用越来越多，这对企业来说是一个绝佳的入局机会。

虚拟数字人可以分为两大类，分别是 2D live 虚拟数字人和 3D 三维虚拟数字人。2D live 虚拟数字人通过图片素材的变化，让人们产生动作错觉，但在观感、内容延展性上，都较 3D 三维虚拟数字人有差距，所以现在大部分品牌应用的都是 3D 三维虚拟数字人。

3D 三维虚拟数字人从精度上分为 5 类，从高到低分别是：超写实级、超影视级、2.5 次元、二次元、卡通。

卡通是最低级别的 3D 三维虚拟数字人，造型简单，常出现在儿童 3D 动画中，如猪猪侠、熊出没等。二次元比卡通级别造型更复杂，一般在二次元虚拟偶像中应用较多，如洛天依等。2.5 次元指的是比二次元更真实、细腻的 3D 三维虚拟数字人，其皮肤和衣料质感更好，常应用于大品牌的二次虚拟代言人中。影视级写实级 3D 三维虚拟数字人，其造型精致，一般 3A 游戏大作中的虚拟人物或影视剧中的虚拟人物多采用这种 3D 三维虚拟数字人。而超写实级别的 3D 三维虚拟数字人是最精细的虚拟数字人，其汗毛、皱纹，甚至血管走向都清晰可见，面部表情细微，感情表达更加真实。

根据不同的需要，这些 3D 三维虚拟数字人有不同的应用场景，但超写实级 3D 三维虚拟数字人是每一家制作公司追求的目标，也是未来元宇宙应用的重点。

如何制作 3D 三维虚拟数字人？主要分为 5 个部分，即文字设定、2D 形象设计、3D 建模和 3D 模型绑骨、物料制作产出。

1. 文字设定

制作公司要先写出虚拟数字人的小转，包括姓名、年龄、职业、喜好、身份背景、应用场合等。信息越丰满，其内涵就越丰富，进而也就越能找准定位，打动用户。

2．2D 形象设计

由专业的美术团队，根据虚拟数字人的文字设定，绘制出基本的人物形象。

3．3D 建模和 3D 模型绑骨

有了虚拟数字人的平面形象，接下来就是进行 3D 建模，让人物形象变立体。建模完成后，还要进行 3D 模型绑骨，对模型骨骼进行绑定，如图 11-3 所示。

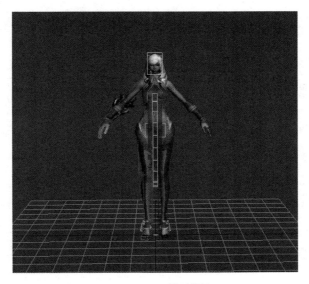

图 11-3　3D 模型绑骨

4．物料制作产出

制作完虚拟数字人的模型后，就可以运用动作捕捉等技术进行视频、直播的素材制作了，如图 11-4 所示。一般是让动作演员穿上带有传感器的服装，然后做出各种动作，让虚拟数字人模型模仿。随着技术的升级，动作捕捉技术不仅可以捕捉动作演员的动作，还可以捕捉表情变化和瞳孔变化，让虚拟数字人的表现更加真实。这在直播带货火爆的今天，非常实用。

虚拟数字人是元宇宙的原住民，也将是元宇宙的重要参与者。随着电商与元宇宙的融合，对虚拟数字人的需求也会越来越多，企业可以从创造更真实的虚拟

数字人的角度入局元宇宙。

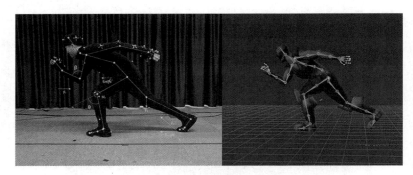

图 11-4　动作捕捉

11.3.2　提供虚拟场景解决方案，推动商店向虚拟世界迁徙

2022 年年初，实时音视频云服务商 ZEGO 即构科技发布了一份虚拟世界解决方案，可以帮助企业搭建多元化虚拟世界，构建元宇宙社交场景。

即构科技的目标是构建出一个能实时生成专属虚拟形象，让用户和好友并肩漫步聊天、游戏娱乐、互动聊天的虚拟世界。目前，即构科技已经通过该方案快速实现了虚拟 KTV、虚拟直播间、虚拟聊天室、虚拟办公室等虚拟场景。

1. 虚拟形象

"捏脸"是很多大型游戏的常见功能，但想要在元宇宙中拥有面对面聊天的真实感，虚拟形象就要做到"随心而动"。目前，大多数平台的"捏脸"方式主要将多种预设的固定样式排列组合来自定义形象，这种方式很难让用户产生进入虚拟世界的代入感。

而即构科技提供了另一种解决方案，即表情随动。用户可以通过自拍实时建模，定制自己的虚拟形象。面部表情"随心而动"可以让用户在虚拟世界中的信息、情绪传递"一目了然"。同样，用户也能实时地感知到亲朋好友的反馈信息，进而获得身临其境的社交体验。

2. 自定义编辑器

传统虚拟场景的制作需要先进行原画设计、场景建模，然后通过代码让各种模型在引擎里运行起来，最后集成到客户端。这一设计方式让场景难以自定义，而且制作成本高，对团队规模要求高。

为了降低虚拟场景制作的门槛，实现让用户自定义场景，即构科技研发了场景编辑器。用户可以通过编辑器随心定制虚拟场景，自由替换场景元素，打造一个更个性化的虚拟世界。无论是沙滩、电影院、KTV，还是办公室，都可以通过模型替换来生成自定义编辑器。

3．拟真社交

即构科技制作的虚拟场景还具备真实的交互体验，如碰撞、重力等。此外，在场景仿真上也尽可能接近真实效果，如光影、光线、灯光渲染等效果呈现。目前，即构科技的虚拟场景支持语音聊天、KTV、直播、小游戏、一起看电影等功能，用户可以在其中拥有真实、有趣的沉浸体验。

4．3D 立体语音

在现实世界中，我们可以根据声音来判断其他人的方位、距离等，而这在虚拟世界却很难实现。机构科技根据这个痛点提供了 3 种语音功能，以增加虚拟场景的沉浸感，分别是：随着用户位置移动，声音强弱随之变化；移动超出一定距离后，无法听到对方声音；可以通过声音判断声音源的方位。

有了这 3 种语音功能，用户可以在虚拟场景获得与现实世界相同的听觉体验。当用户在一个虚拟 KTV 中，不仅可以听到对面的人跟自己打招呼的声音，还可以听到后面的人聊天的声音，而且当用户走近他们，还会感觉声音越来越清晰，这种体验就像在现实世界中的 KTV 一样。

即构科技的这套虚拟世界解决方案，给广大企业一个很好的启发。人们想要在元宇宙生活，一个极具真实感和沉浸感的虚拟场景是必不可少的。因此，提供虚拟场景解决方案，帮助更多的品牌进入元宇宙，由此构建更多元化的虚拟世界，是一个非常好的入局元宇宙的方式。

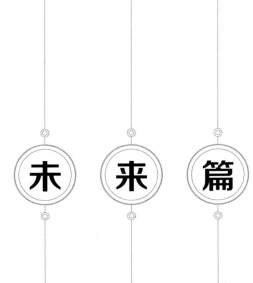

未 来 篇

　　元宇宙在发展过程中能够加速现实世界与虚拟世界的融合。未来，不仅游戏、社交、教育等方面的日常活动可以在元宇宙中进行，甚至更多的经济活动也可以在元宇宙中实现。元宇宙经济体系将与现实经济体系紧密相连，其发展将为经济社会带来巨大的发展机遇。本篇从信息底座、交易扩展、营销变革、经济模式迭代等方面对元宇宙影响下的未来经济社会进行了展望，使读者能够对元宇宙的未来发展形成宏观且全面的理解。

第 12 章

信息底座：决定未来命运的奠基之战

新一代信息技术的发展和应用，大幅提升了社会治理能力，推动了整个社会朝着网络化、数字化、智能化方向发展。在未来的元宇宙时代，社会整体的信息化能力会进一步发展，而强化平台顶层设计、加强数据管理等，将成为决定未来命运的奠基之战。

12.1　元宇宙时代的社会基础设施

元宇宙是互联网的未来形态，其发展路径可以由实向虚，增强现实世界的感官体验；也可以由虚向实，通过现实与虚拟的交互，实现虚实融合的全新阶段。这两种路径都需要构建在元宇宙坚实的基础设施之上，即信息系统、价值结算系统、内容生产系统等。

12.1.1　元宇宙时代基础设施的运营与组织

元宇宙是一个脱胎于现实世界，又与现实世界相互影响的虚拟世界，是能够为用户沉浸式生活、工作、娱乐、学习等提供体验的综合在线社区。

想要实现这样的设想，我们在基础设施建设上需要下很大功夫，即构建交互操作系统（AR/VR 终端）、信息系统（数据中心、云计算等）、价值结算系统（区块链）、内容生产系统（游戏引擎等），对应满足交互、治理、身份、激励等一系列需求。

为了满足元宇宙时代对于基础设施的运营与组织需要，目前，高性能计算、近眼显示、人机交互、通信等领域都有了新发展。

1. AI、图像渲染、区块链需求大幅提升

在元宇宙概念的持续火爆下，数据中心将迎来高速增长，打破周期性波动。根据 OpenAI 测算，深度学习正逼近现有芯片的算力极限，人工智能迎来加速阶段。同时，高计算芯片也呈现加速发展趋势，市场规模不断增长。

未来，越来越多的应用将带来算力上的庞大需求，而云游戏将成为一个突破口，有望将本地渲染搬移到云端。云游戏将突破硬件设备的限制，让用户用手机就能流畅运行 3A，使得各终端获得"无缝切换"的游戏体验。而云端服务器也将让算力充分分配，减少算力消耗，节约整体成本。

区块链的分布式记账和存储功能是元宇宙价值结算系统的重要基础。其中，NFT 唯一、不可篡改、永久保存的特点，解决了数字物品确权和流转等问题。同时，NFT 的兴起也带来了相关存储需求，例如，IPFS 储存和 SSD 存储等。

2. 近眼显示成为新增长点

微显示领域成为全球显示行业的新增长动能。微型显示器由于便携性等特点主要应用于近眼显示和投影显示，是 AR 显示和 VR 显示的重要基础技术。

AR 显示、VR 显示是人与元宇宙交互的重要基础技术，它们将成为元宇宙的主要入口。而想要让 AR/VR 设备像手机一样便携，还需要解决分辨率不足、显示屏大、功耗高等问题。而近眼显示器质量足够轻、足够舒适，甚至能全天候使用，完全满足人们随时随地进入元宇宙的需求。

3. 交互升级让传感器得到发展

在元宇宙时代，AR/VR 设备成为新一代计算平台，相较于电脑和手机，在交互模式上会发生很大变化。电脑和手机只限于屏幕互动，而 AR/VR 设备可以进行立体空间的 3D 交互。人们可以向现实世界一样通过手势、眼动等实现人机交互。

交互方式的升级需要更多信息的支撑，例如，运动信息、生物信息、环境信息等，从而需要各种传感器设备收集信息，以实现更真实的交互体验。除此之外，健康监测、远程医疗等领域也将迎来发展机会。

4. 5G融合云端构建计算网络基础设施

通信是元宇宙的重要基础设施，由于未来元宇宙低时延、沉浸感的需要，5G将在大量应用创新上发挥重要作用。5G融合云端构建计算网络基础设施，能够保证元宇宙入口，即AR/VR设备的数据传输稳定性，减少眩晕等问题。下一步发展的6G网络将与计算深度融合，实现云端的高效协同，为用户带来超越时空限制的极致体验。

12.1.2 虚实融合，基础设施规避管道化危机

随着互联网的发展，移动通信行业的运营商们已经开始遭遇管道化危机。所谓管道化危机指的是运营商的网络建设速度跟不上智能终端流量增长的需求，而导致自身对于产业链掌控力越来越弱。通俗来说，就是现在通信运营商们都在"为他人作嫁衣"。例如，苹果的App Store模式，绕开了通信运营商，建立了自己的收费渠道，只需要通信运营商提供网络，影响了其增值模式。而后来，微信等应用的出现更是直接影响了通信运营商在通话、短信方面的统治地位。

对于运营商而言，被管道化这个问题提出已经由来已久，而且随着"减税降费"政策的推广，通信运营商成为应用和内容的流量管道，业务低值化等趋势也在不断加剧。为了应对这场危机，很多通信运营商的办法是取消不限量套餐，调高数据量月资费。然而这个办法只能解一时之急，并不是长久发展之道。通信运营商可借助自身资源、属地运维、网络优势等深耕边缘计算，从而摆脱管道化危机，提升自身网络价值。目前，我国三大通信运营商都在这方面进行了积极探索和布局。

例如，中国电信打造边缘计算开放平台ECOP，建立边缘云网融合的网络服务平台及应用环境。中国电信面向大型商场、校园等高密度、高流量、高价值客

户，作为无线覆盖增强的增值业务，按需提供缓存、推送、定位等服务；面向大型园区、工厂等有本地数据中心需求的政企客户，作为政企 ICT 服务，按区域提供虚拟专网、业务托管、专属应用等；面向跨区域、大范围为大量用户提供服务的客户，如车联网、CDN 等，作为有明确商业模式和规模化发展效益的业务，在全省和全国范围内提供边缘 CDN、存储等。

在元宇宙时代，作为基础设施的通信运营商们想要摆脱逐渐被管道化的危机，就要学会进行"管道"外的新的商业模式探索，让自己具备更大的价值。

12.1.3 超越低效，产业化与社会化效益思考

2022 年 1 月，上海市经信委印发了《上海市电子信息产业发展"十四五"规划》，提出加强元宇宙底层技术研发能力。随后，浙江省印发了《关于浙江省未来产业先导区建设的指导意见》，再次提到元宇宙是未来的重点产业。除此之外，广州市也提出要打造"元宇宙广州"，开辟数字经济领域。

如今，元宇宙的广泛发展似乎已经是不争的事实，那么作为一个炙手可热的新概念，元宇宙将会带来哪些产业化与社会化效益呢？

1. 工业领域

元宇宙在工业领域将使虚拟实境、模拟运作、智能制造等成为现实，推动相关技术的加速发展，从而解决工业数字化、人力成本高、资源浪费等问题。例如，航空器制造商波音计划在元宇宙中打造"数字孪生"飞机，让工程师们在数字孪生系统中进行飞机设计和更为复杂的精细化测试。

2. 商业领域

元宇宙在商业领域主要体现在营销方式和用户体验的变革。例如，虚拟数字人引领了新一轮的时尚潮流，各品牌开始应用虚拟数字人进行宣传和推广，提升了宣传效率，降低了人工成本。除此之外，虚拟地产的兴起让更多线下场景转移到了线上，如展览、娱乐活动、会议等，消除了空间的限制。

3. 教育领域

元宇宙在教育领域提供了新的教育模式，提高了教育的效率。例如，韩国青云大学建立了以虚拟形象和元宇宙为基础的语言学习平台，让学生们可以在游戏模式下学习语言，提出了语言学习的新范式。

4. 医疗领域

元宇宙在医疗领域让远程医疗、健康监测、医学教育等都有了发展。元宇宙中的人工智能、大数据、数字孪生等技术有助于打造应用于诊断、治疗、手术、康复、护理等全流程的医疗机器人，辅助医生进行医疗活动，让治疗更精准和有效，避免过度医疗。例如，世界卫生组织使用增强现实技术和智能手机来追踪新型冠状病毒感染者的活动轨迹；医学院使用 VR 技术培训学生手术技能等。

5. 艺术领域

元宇宙在艺术领域解决了艺术品的确权难题，提高了流通效率。目前，区块链和 NFT 技术的数字藏品已经成为艺术领域的新秀，在交易市场广受欢迎。

除了这些领域，元宇宙的发展还将促使新业态的出现、新岗位的需求，如虚拟建造师、虚拟营销官等。元宇宙并非只是少数科技公司的狂欢，它让整个社会的效率都有所提升，让世界走向融合。距离不再会挡住人们探索的脚步，物理材料的限制也不再会让创意夭折，所有的资源会得到有效利用，最终产生更多社会价值，让每个人都可以受益。

12.2　解决元宇宙的信息底座才是未来王道

虽然目前元宇宙的概念炒得火热，但距离元宇宙产品化还有很长一段路要走，其中最重要的就是解决元宇宙的信息底座问题，如数据平台、技术融合等。

12.2.1 信息基础：原生数据平台的形成

元宇宙的底层架构除了硬件之外，还需要依靠什么技术？显然是 Web3.0。Web3.0 是彻底改变人们生活方式的互联网体系，使所有用户不再受现有资源的限制，拥有平等的机会。

元宇宙的底层技术为什么要以 Web3.0 为基础？原因是 Web3.0 可以打破当前数据平台的垄断模式，将数据与隐私权还给用户。现在，我们每个人的数字权被平台商占据，而当我们进入元宇宙时，每个人的数字身份对应在虚拟世界的生活轨迹都会变成数据，而从隐私和社会安全的角度出发，这种个体的隐私数据权就不能再归平台所有。

只有当个人的数据权回归个人后，数据安全才能被最大程度保障，人们在虚拟世界才能实现真正的自由。当平台需要数据的时候，必须向用户购买，而用户有选择出售或不出售的权力。如果不能解决这个问题，当用户进入元宇宙时，只能成为被中心平台"宰割"的对象，而元宇宙自然不会成为人们的第二生活场景。

因此，基于 Web3.0 原生数据平台的形成将成为元宇宙运行的基础，它将推动着元宇宙向着去中心化方向发展。

12.2.2 元宇宙的四梁八柱，技术融合与创新

各种技术的融合与创新是支撑元宇宙发展的四梁八柱，那么这些技术有什么？

首先，元宇宙的通信基础是 5G/6G。5G 高速率、低时延、泛连接的特点为元宇宙的应用创新提供了基础条件，而依托卫星互联网技术，6G 有望形成覆盖全球的网络，并且实现更高速率、更低延迟的网络连接，用户的超高沉浸感便由此而来。其次，元宇宙的算力基础是 GPU（Graphic Processing Unit，图形处理器）和云计算。超高速的 GPU 为元宇宙提供最基础的硬件算力基础。而云计算的云存储和计算能力可以实现规模经济，让大规模的高效协同成为现实。最后，元宇宙的

交互基础是 XR（VR、AR、MR）和脑机接口等。XR 设备将逐渐代替手机和电脑，成为人机交互的新入口，为人们提供三维立体体验。而脑机接口则是 XR 最终发展的产物，可以直接连接人脑与设备，通过大脑表达想法来操纵设备，实现全感官进入元宇宙。

而元宇宙的最终实现还需要这些技术的融合与创新。例如，中央电视台的 2022 年春节联欢晚会运用 LED 屏幕打造 720°穹顶空间，使观众席与主舞台融为一体，构成一个高延展性的立体直播间。整台晚会还融合了 XR、全息扫描、3D 呈现等技术，突破时空限制，给观众带来了更加震撼的体验感。其中，三星堆创意舞蹈《金面》通过 XR 技术让四川三星堆最新的出土文物"青铜大面具"现身舞台，展现了"沉睡数千年，一醒惊天下"的古蜀风采。

随着元宇宙走进人们生活的方方面面，技术上的融合与创新还会越来越多，虚与实边界逐渐被模糊，人们将逐渐步入元宇宙时代。

12.3　元宇宙信息底座与平台的突破与机遇

如何成为元宇宙基础设施供应商？对于企业来说，构建信息底座平台是一个机遇，包括区块链、VR/AR 等。这些技术的实现，可以帮助公司掌握构建元宇宙的基础，拥有更多的话语权。

12.3.1　思考元宇宙维度下的搜索引擎、卫星导航与自动驾驶

搜索引擎、卫星导航、自动驾驶作为如今人们关注的重点领域，在元宇宙时代，它们会有什么变化呢？

1. 搜索引擎

元宇宙的构建需要大量数字建造师。过去，用户很少能深度参与互联网的基础建设，让互联网巨头们把控了流量入口，导致数据无法高效流通。而在以 Web3.0

为基础的元宇宙时代，用户成为互联网创作者与构建者，自发地创造数字内容。或许元宇宙并不是指单纯的技术融合，而是构建一个场景，一个融合虚拟与现实的开放生态。

元宇宙中的搜索引擎就像天空中的卫星，能够跨越时空指引用户的生活。搜索引擎将成为收集和聚合信息的代表性应用，可以整合所有可追溯的数据，让用户与内容之间高效交互，让虚拟世界的信息井然有序。

2. 卫星导航

我国的北斗卫星也是元宇宙的支撑技术之一。除了通信支持，北斗卫星在元宇宙真正的作用是实现数字孪生，让现实世界和虚拟世界完全同步。例如，我们可以在外地远程关掉家里的灶台，避免火灾的发生；医生可以远程诊疗进行手术开刀，让偏远地区也能享受到大城市的医疗资源；工厂可以对生产活动实时监测，解放人力，让员工全部在家办公等。这意味着卫星技术可以实现元宇宙的愿景，即万物互联，让现实距离变成零。

3. 自动驾驶

自动驾驶是很多人关注的领域，但目前自动驾驶硬件设备成本高、软件系统不完善、道路测试条件稀缺等原因仍然存在，而如果元宇宙成为现实，这些问题都将迎刃而解。

在现实生活中，自动驾驶汽车的设计、测试是一个复杂的过程，并且硬件设备不断迭代升级也需要消耗大量的人力、物力。而在元宇宙中，所有的设计、测试和更新都只需要敲几行代码就能解决，完全不会造成任何实质上的资源浪费。

为了保证自动驾驶的安全性，自动驾驶汽车需要系统学习大量的道路数据，至少要进行 180 亿千米的道路测试，学习各种路况下的应对方法。但现在开设的自动驾驶测试区，场景单一，无法覆盖各种特殊路况。元宇宙就可以弥补这个缺憾，元宇宙可以模拟出一个用于自动驾驶道路测试的街道，让自动驾驶汽车在模拟道路上进入各种路况场景，以快速获取不同路况的数据。

12.3.2 从路由器到区块链，网络核心技术逻辑迁移

在麦肯锡的一份研究报告中称区块链是继蒸汽机、电力、互联网之后，最有潜力触发颠覆性浪潮的技术。要理解区块链的历史地位和趋势，就不得不先了解网络核心技术的发展史。

1969 年，互联网在美国诞生，最早应用于军事和科研领域，随后拓展到了人类生活的方方面面。在互联网的发展过程中，其中有 5 项技术对区块链的发展有重大意义。

1．TCP/IP 协议：决定了区块链在互联网生态的位置

1974 年，美国科学家文顿·瑟夫和罗伯特·卡恩开发出互联网核心通信技术——TCP/IP 协议，这个协议实现了不同网络间传送信息。只要连接在网络上的计算机遵照这个协议，就能够互相通信。简单来说，这个协议就是互联网世界的统一的信息传播机制，它让数据能穿越千里，被计算机用户看到。

TCP/IP 协议发明之后，整个互联网的底层基础设施及中层的通信协议一直比较稳定，但顶层应用不断涌现出创新应用，包括电子商务、社交网络、区块链等。也就是说，区块链在互联网生态中位于顶层应用层，它的运行和发展不影响基础设施和通信协议，同样按照 TCP/IP 协议运转。

2．路由器技术：区块链技术的模仿对象

1984 年，莱昂纳德·波萨克和桑蒂·勒纳设计了名为"多协议路由器"的联网设备，它能帮助互联网数据准确快速地从一端传到几千千米外的另一端。

在互联网硬件层中，有几千万台路由器指挥着信息的传递。每台路由器都保存着完整的互联网设备地址表，一旦发生变化，会立刻同步到其他路由器上，确保每台路由器都能计算出信息传递的最短路径。

路由器的运转过程就是区块链的重要特征，即去中心化。各节点信息自我验证、传递、管理，即使有节点设备损坏或被黑客攻击，也不会影响整体的信息传送。

3. B/S 架构：区块链颠覆的对象

互联网的 B/S 架构，即中心化架构，是目前互联网最主要的架构，Meta（原Facebook）、腾讯、阿里巴巴等互联网巨头都采用这个架构。

B/S 架构的数据只存放在中心服务器上，而其他所有计算机都需要从中心服务器获取信息，这与区块链去中心化的重要特征正好相反。区块链没有中心服务器，所有数据都会同步到全部计算机里，因此，区块链可以说是对传统 B/S 架构的颠覆。

4. 对等网络：区块链的技术基础

对等网络是与 B/S 架构相对应的另一种互联网基础架构。它的特征是互相连接的计算机都处于对等地位。一台计算机既可作为服务器，共享资源，供其他计算机使用，又可作为工作站。区块链就是一种对等网络架构的应用，它的出现也让对等网络迎来了暴发。

5. 哈希算法：通证产生的关键

哈希算法是一种将任意长度的数字用哈希函数转变成固定长度数值的算法。哈希算法对世界的运作至关重要，从互联网应用商店、邮件到浏览器等，都在使用哈希算法。它能判断用户是否下载了想要的东西，也能判断用户是否遭受了网络钓鱼攻击。

通证是区块链中发行的一种可流通的加密数字凭证，可以代表权益和价值。区块链通过发行通证对参与者进行奖励。而区块链的通证产生的过程，就是用哈希算法进行运算的。在通过哈希算法运算获得符合要求的数字后，区块链便会产出通证奖励。

自互联网诞生以来，人类不断从不同方向对互联网进行创新，从 TCP/IP 协议、路由器到区块链，互联网在向着更自由、更开放的路径发展。

12.3.3 从游戏机到元宇宙入口，VR/AR 技术的演进路径

沉浸体验是元宇宙的基本特征之一，而 VR/AR 设备是支持沉浸体验的必要硬

件，也是通往元宇宙的关键接口。

VR/AR 设备一直以来都被大众当作游戏机，多在游戏领域应用，并且因价格昂贵、使用要求高，只在一小部分受众中受欢迎。而在元宇宙时代，VR/AR 设备将成为像电脑、手机一样的生产力工具，人手一个，不可或缺。目前，元宇宙概念下的 VR/AR 设备已经开始出现。

Facebook 在 Connect 2021 大会上提出，将于 2022 年推出短焦 VR 一体机 Project Cambira。这款 VR 一体机采用 Pancake 光学方案，拥有彩色透视功能，不只是一台游戏机，还能应用于办公、会议等多场景。

新的 VR/AR 设备不仅会提高 VR/AR 设备的普及程度，还给公司的运作模式提供了新路径。也许未来的公司不再需要办公室，而是可以完全在虚拟空间中完成生产，人们选择工作也不再受制于地理位置。

但目前我们还要以理性、发展的眼光看待 VR/AR 设备。从技术方面来说，如今的 VR/AR 设备画质粗糙、体验效果欠佳，用户使用后会有较强的眩晕感，根本达不到元宇宙要求的沉浸感。另外，大多数 VR/AR 设备体积偏大，无法随身携带使用，短时间依然无法像手机一样普及。

从内容方面来说，如今的 VR/AR 设备内容体量较小、可玩度不高，与其相关的内容依然以游戏为主，其他领域的应用较少，制作也比较粗糙。例如，Meta 推出的 Horizon Worlds 就因为画面人物只有'半截身子'被用户戏称为半成品。

虽然，VR/AR 设备是元宇宙发展的重点领域，但其发展还有很长的路要走。首先，全面提升体验感，画面呈现要达到人眼难以分辨的清晰度；其次，缩小体积，便携程度要像手机或手表一样可供人们随时随地进入元宇宙；最后，构建内容生态，内容种类覆盖全领域，支持人们的各种行为活动。由此，VR/AR 设备才能真正成为元宇宙的入口。

12.3.4 从 Facebook 到 Meta，移动互联发展再认识

马克·扎克伯格在 Facebook Connect 2021 大会上提出，Facebook 公司将更

名为 Meta，全面进军元宇宙。此举昭示了 Meta 的野心，更体现出了其对元宇宙是下一代互联网的认可。为了实现这一愿景，Meta 已经开始了多方布局，下面从 Meta 正在建设的产品分析元宇宙的发展潜力。

1. 社交

从文字到语音到视频，近几年社交应用不断发展，沉浸感和真实感都不断提升，而在元宇宙中，社交体验可能会无限接近于现实世界，人们不仅能用语音、视频交流，还能用眼神、动作交流。Meta 推出的 Horizon Home 是一款帮助人们在元宇宙中互动的社交平台。用户能邀请朋友加入 Horizon Home，一起游戏、看视频或进入应用程序。

2. 工作

新型冠状病毒性肺炎疫情的暴发让互联网线上协作和居家办公提前到来，这让人们提前看到了未来的工作模式。在元宇宙中，工作不再受制于距离，人们可以和相隔千里的同事开会，和跨国客户面对面交流。Meta 将开始测试的 Quest for Business 是一个专为企业服务的新功能。用户无须使用 Facebook 账户，通过企业专用登录，就能实现与同事协作。Quest for Business 还可以访问企业工作所需的专用平台，如账户管理、第三方移动设备管理等。

3. 创作

如今，互联网上有数十万创作者，他们产出的内容让互联网更繁荣。而因为元宇宙边界广阔的特性，创作者会越来越多，创作内容也会由现在的二维化过渡到三维化。Meta 推出的 Polar 应用程序允许任何人设计 AR 对象和效果，它让没有艺术、设计、编程经验的新手也能轻松进行 AR 创作。

4. 学习

从黑板到电子白板再到 VR 教学，书本上的知识也摆脱了枯燥和乏味，变得越来越有趣和逼真。在元宇宙中，我们也许能穿越到古代学习历史，实践许多只存在于理论中的实验设想。Meta 计划投入 1.5 亿美元构建沉浸式教育内容，并与一些机构合作，帮助他们实现沉浸式和协作式学习。

从 Meta 的布局可以看出，它想构建一个底层平台，融合多种技术，让人们的衣食住行都离不开 Meta 产品。而这也证明了元宇宙作为下一代互联网，它的出现将为全行业带来颠覆性发展，任何领域都潜藏着巨大的机会。

第 **13** 章

交易扩展：交易由实入虚，向元宇宙进发

20 世纪 90 年代，人们认为上网就是访问网页，而今天，互联网已经可以将所有智能设备连在一起。可以说，互联网的外延一直在延伸、扩大。随着元宇宙的发展，越来越多的东西从现实世界进入了虚拟世界。也许在未来世界，大多数人的工作产出都会由实物产品变成数字产品。元宇宙的出现让生活由实入虚成为发展的必然趋势。

在这一过程中，人们的交易行为也会由现实走向虚拟。未来，人们的很多社交关系都会是通过虚拟世界建立的，交易双方知根知底，了解对方的资产和交易历史，根本不需要在线下见面，就可以安全、高效地达成交易。

13.1 万物皆可 NFT

NFT 是数字资产的一种呈现形式。NFT 被记录在区块链的分布式账本上，每个都是独一无二、不可替代的。作为一种"凭证"，NFT 提供了一种标记数字资产所有权的方法，可以记录谁拥有某一种数字资产。

NFT 的应用重塑了数字内容的价值，让其得以成为数字资产。目前，游戏、艺术品等领域都应用 NFT 证明归属权。未来，随着更多商品被数字化进入元宇宙，万物皆可 NFT 将不再只是想象。

13.1.1 NFT 实现现实资产虚拟化

在全球疫情防控常态化的背景下，数字化成为时代发展的重要趋势之一，众多新业态、新实践、新模式持续涌现。而 NFT 就是实体资产数字化的一种创新体现，使实体资产突破了物理空间的限制，拥有了更多创意开发形式。

卡牌、艺术品、收藏品、游戏资产等数字化内容领域都掀起了 NFT 热潮。卡牌游戏 NBA Top Shot 的成交额已超过 2 亿美元，约有超过 9 万名收藏者参与其中。可见，有了 NFT 的推动，数字内容有了更高的价值。同时，NFT 也给了现实资产进入元宇宙一个可行的途径，NFT 具有唯一、不可分割等特点，可以作为数字内容的资产性载体，实现数字内容的价值流转，从而可以用数字资产锚定现实世界中的商品。

NFT 作为连接现实与虚拟的桥梁，应用前景广阔。从数字商品到现实资产都可用 NFT 表示。从长远来看，NFT 作为现实资产虚拟化的媒介，在数字经济的浪潮中将引爆数字化资产与数字化营销需求。

尽管 NFT 优势明显，发展潜力巨大，但 NFT 的应用仍面临挑战。

第一，NFT 市场定价机制尚未完善，水涨船高的 NFT 价格炒作，让市场存在着较大的泡沫，应用创新模式仍需验证。

第二，NFT 基础设施有限，目前的 NFT 多是铸造在以太坊（ETH）、Flow、WAX 等主流公链上，呈现垄断格局，不利于 NFT 生态的发展。

第三，我国对于 NFT 数字资产的定义模糊不清，数字资产在法律中的财产权利仍无定论，NFT 对知识产权的保护体系尚未成熟。

NFT 为现实资产虚拟化提供了一个思路，它将提高资产的流转效率，让资产交易变得更方便。但想要完全把 NFT 当作资产交易的凭证还需要走很长一段路，需要建立完善的监管体系和市场制度。

13.1.2 游戏+NFT：游戏产品可交易和收藏

游戏是最先尝试 NFT 的领域，目前很多网游、收集类游戏、卡牌类游戏中都应用了 NFT。下面介绍 4 个游戏领域的热门玩法。

1. 沙盒类游戏

在沙盒类游戏中，玩家可以买卖虚拟土地、举行虚拟会议，例如，Decentraland、Sandbox 等。

Decentraland 是由数量有限的 NFT 虚拟地块组成的，用户可以购买、出售、管理这些虚拟地块，并在自己土地上创造，从中获得收入。Decentraland 整体上还处于早期打磨阶段，玩家目前只能在里面逛建筑、看展览，没有竞技，没有对抗，可玩性较低。

Sandbox 以在游戏里打造游戏为主线，致力于打造一个娱乐世界。目前，Sandbox 已经赶超 Decentraland，更受项目方和散户群体的欢迎。

2. 卡牌收藏类游戏

在卡牌收藏类游戏中，玩家主要是收藏和交易卡牌 NFT，例如，Gods Unchained、CoPuppy。

Gods Unchained 是一款在线卡牌收集游戏，玩家通过获得不同的卡片来组成卡组，可以任意切换、定制、测试多种组合，并进行卡牌交易，如图 13-1 所示。除此之外，新游戏 CoPuppy 也做得非常好，游戏赋予每张卡牌算力，玩家收藏卡牌即可获得挖矿收益，甚至融合了 PVP 等玩法（玩家对战玩家），解决了 NFT 流动性的问题。

图 13-1 Gods Unchained

3．宠物养成+回合制游戏

在宠物养成+回合制游戏中，玩家可以繁殖、培育、出售自己宠物或利用宠物进行对战获得收益。这一领域最具代表性的游戏是 AXIE。

在 AXIE 中，玩家需要先购买至少 3 个 Axies，才能下载应用程序并参与竞争活动。Axies 分为不同的等级，由不同的身体部位组成，每个部位对应着不同的等级。简单来说，Axies 是 NFT，其中最贵的 Axies 曾以 500 多万元的价格售出，如图 13-2 所示。

图 13-2　AXIE

4．农场社交类游戏

在农场社交类游戏中，玩家既可以模拟农场的日常经营，还可以买卖农作物、土地等，例如，Townstar、My Neighbor Alice 等。

Townstar 玩法比较丰富，玩家可以进行种菜、收菜、建筑等，但机制比较复杂，而且除了排行榜前列的奖励，激励政策比较少，很难获得太多收益，如图 13-3 所示。My Neighbor Alice 是链上版的《动物森友会》，偏重于土地交易和社交。因为 NFT 的热度，这款游戏还未上线就引起了很大关注。

目前，与 NFT 结合的游戏很多，但几乎所有的游戏都趋于独立状态，无论是同类型、不同类型，还是不同区块链，每个游戏都有着各自的生态入口。因此，该领域目前还缺少一个像 Steam 一样的 NFT 游戏分发平台，将不同种类及玩法的 NFT 游戏整合在一起的娱乐性统一通道。这是行业的缺口，也是各大企业入局的机会。

图 13-3 Townstar

13.1.3 社交+NFT：NFT 成为社交地位的象征

随着 NFT 的火爆，NFT 头像成为社交地位的新象征。一辆跑车虽然价值不菲，但只能停在停车场里，在聚会上都没有办法展示。而一个上百万的 NFT 头像，可以随时随地在朋友圈里彰显自己的实力。

Twitter 就推出了 NFT 头像付费订阅服务 Twitter Blue。当用户将头像更换成 NFT 图片后，头像会以六边形的形式出现在 Twitter 上，与普通头像区分开来。点击这些 NFT 头像，会弹出一个页面，显示 NFT 信息，包括区块链地址和创建者的身份。

除了 Twitter，Meta 旗下的 Facebook 和 Instagram 也在社交平台加入了类似的功能。用户不仅能在平台上铸造 NFT，还可以自定义头像。未来，Meta 还计划为用户建立一个 NFT 市场。

为什么社交平台竞相入局 NFT？一般，"喜欢"和"收藏"数是社交平台衡量用户重要性的标准，而 NFT 头像这项服务刚好为用户提供了一个证明身份的方式。技术分析师 Eugene Wei 将其称为"社会地位即服务"。就像人们购买奢侈品一样，这些 NFT 头像让人们可以展示他们在群体中的身份及社会地位。

Eugene Wei 曾发表过一篇文章，指出人们就像"寻求地位的猴子"，他们寻找机会来确认和展示他们在群体中的身份及在社会等级中的位置。而他的理论刚好为社交平台提供了一条吸引用户的新思路。NFT 目前基本没有实用性，但是它能彰显所有者的品位、财富。它可能是目前为止最纯粹的"社会地位即服务"的案例。

然而，Facebook、Instagram、Twitter 等社交平台推出的 NFT 头像功能也存在着一些问题，即 NFT 在加密社区中赋予的地位与社交平台赋予的地位并不相同。

Twitter 并没有区分 NFT 交易平台上经过验证的 NFT 和用户自己在区块链上铸造成的 NFT。前者往往是独家且有高价值的，而后者任何人都可以铸造，并没有什么价值。这样一来就能实现用 NFT 头像彰显身份的作用。

因此，想要让 NFT 成为社交符号、身份的象征，各大社交平台还需要做出进一步的界定和区分，让 NFT 头像真正成为人们的社交名片。

13.2　NFT 交易平台暴发

随着 NFT 交易如火如荼地开展，NFT 交易平台也迎来了暴发。NFT 交易平台是重要的 NFT 资产流通与交易场所。目前，NFTCN、OpenSea、Element 等国内外平台层出不穷。

13.2.1　四大因素推动 NFT 交易平台发展

虽然 NFT 被广泛认为是伴随着元宇宙概念出现的突破性产物，但其仍处于发展的初期阶段，还存在一些"瓶颈"问题。

首先，NFT 各类项目在投资逻辑、业务逻辑等方面均存在较大差异，还未曾形成稳定的价值认定体系；其次，NFT 依然属于区块链虚拟资产范畴，其中涉及的资产安全保管概念，对投资者、用户而言无疑是新的认知领域；最后，NFT 在应用场景、技术建设等方面存在许多亟待改善的问题，例如，技术差异化对业务的掣肘，如何与传统企业、IP、实体产品对标，如何保证产品质量、售后服务、市场监管等。

因此，NFT 交易平台要突破局限，还需要在安全、管理模式、资产价值、政策与监管方面加强建设及探索。

1. NFT 安全

NFT 因涉及资产投资、交易等活动，所以其安全风险方面要尤其重视。目前，NFT 交易平台都只是依靠智能合约保证交易安全，这是非常单薄的。在 NFT 交易平台 OpenSea 上就出现过许多用 NFT 被盗的事件。因此，NFT 交易平台还需要研究其他手段，加强 NFT 交易的安全性，以弥补智能合约的漏洞。

2. 管理模式

NFT 最初应用于游戏领域，加密猫的火爆让玩家意识到，游戏中的装备原来也能成为资产，实现边玩边赚。然而，这一切的实现需要依托于去中心化的管理模式来实现，只有作品的产权属于创作者，才能实现去中心化。因此，对于 NFT 交易平台而言，还需要建立完全独立的价值传输体系，明确资产的归属问题，保证创作者的利益，才能实现完全地去中心化管理。

3. 资产价值

随着 NFT 概念普及，各种 NFT 资产不断涌现，例如，游戏道具交易、艺术交易、虚拟地产等，其中一些产品被拍出上百万甚至上千万的高价。而这并不是 NFT 资产本身的价值，NFT 交易比较像现实世界的收藏品交易模式，完全由买卖双方定价，这就导致有些 NFT 价值虚高的问题。如果 NFT 交易平台无视市场泡沫，贸然加码，可能会导致平台无法长久运营。因此，NFT 交易平台还需要冷静规划，找到一条长久生存之道。

4. 政策与监管

作为对标价值品的虚拟凭证，从各国法律层面来讲，NFT 并未被明确约束，现在 NFT 市场还处于无监管状态的"野蛮生长"阶段。由于 NFT 可对标实物资产，如果不加约束，那么可能会出现利用 NFT 洗钱犯罪、非法集资、违禁品交易等违法行为。因此，NFT 交易平台也不能任由 NFT 交易无序发展，要加强规范和审核，免得让新生事物成为滋生犯罪的温床。

随着 NFT 市场规模的扩大，应用场景的丰富，一个新兴的信任价值体系将在数字经济领域崭露头角。但繁荣背后总会伴随莫测的风险，未来，要想 NFT 的市场价值实至名归，还需要各大交易平台共同努力。

13.2.2 风口之下，新晋玩家 Element 杀出重围

在 NFT 交易平台发展的过程中，一些新晋交易平台取得了不错的成绩。例如，Element 就凭借出色的服务功能，仅内测上线一个月就登上了全球 NFT 交易平台 DApp 榜以太坊链榜单第三。

Element 是加密元素旗下的 NFT 交易平台，根据 DappRadar 的数据显示，Element 内测上线仅 17 天就获得了全链新晋 NFT 交易平台 DApp 榜第一名，以太坊链综合榜第三名的好成绩。而且 Element 是新晋 DApp 榜中唯一一个进入太坊链综合榜前十名的 NFT 交易平台，上升势头强劲。

同时，Element 与 Meta2Meta 工作室达成独家合作，上线了 Meta2Meta 旗下的首个作品 MaskHuman。该作品由 3 位资深游戏原画设计者匿名创作，通过 ERC721 协议发布在以太坊区块链上。这批 NFT 以盲盒形式发售，首批 1 000 个在 2 小时 45 分钟内售罄，销售情况非常火爆。据 Element 平台显示，MaskHuman 售罄后有 40%的二次转售价格在 0.3ETH（约等于 5 300 元人民币）以上，可见其二级市场非常活跃。

伴随着 NFT 势头大好，相信还会有更多的新晋 NFT 交易平台出现，形成百花齐放的格局。但是如果想 NFT 交易向体系化、规模化发展，各家平台还是要逐

渐走向融合，消除壁垒，才能实现 NFT 的流通。

13.3　虚拟资产成为元宇宙用户的主要资产

随着人们的生活进入元宇宙，人们资产也会逐渐虚拟化，虚拟资产将成为人们的主要资产，这其中既包括虚拟化的实体资产，还包括元宇宙原生的虚拟资产。

13.3.1　虚拟土地产生巨大价值

一块摸不着，也无法居住的虚拟土地 NFT 卖出了 243 万美元的价格，这可能会让所有人都大吃一惊。这一售价甚至超过了现实世界中美国曼哈顿的平均单套房价，更远高于其他美国行政区的单套房价。

这块成交的虚拟土地来自被誉为"第二人生"复刻版的游戏 Decentraland，如图 13-4 所示。玩家可以在该游戏中用现实世界的资金买卖土地，然后在土地上建造房屋、开店铺，就像在现实世界中买房一样。

这块高价成交的土地为 Decentraland 时尚街区中心的 116 号块地块，买家 Tokens.com 表示他们将利用这块土地发展数字时尚产业，而其所获得的收益将用于补充子公司元宇宙项目所持有的虚拟地产。

图 13-4　Decentraland 时尚街区界面

在 Decentraland 中，所有虚拟土地和物品都是以 NFT 形式出售的，其平台流通的数字货币 MANA 就是其中的统一通证。玩家在完成土地交易后，将拥有对这块土地的完全控制权，他可以在自己的虚拟土地上搭建展馆、商店或写字楼，供其他玩家自由探索，也可以收他们的门票钱。

除此之外，玩家还可以将土地出租或转售，收取租金或赚取差价。由此也会诞生一些元宇宙建筑团队，为没有时间建设自己虚拟土地的玩家提供设计方案。例如，"烤仔建工"就是一支元宇宙施工队，他们帮在 Sandbox、Decentraland 等元宇宙空间中有土地的人设计并搭建虚拟房屋，同时还会为这个虚拟土地策划活动、宣传推广等。

可见，虚拟土地蕴含着巨大的价值，除了作为 NFT 收藏品的价值，它还有构建元宇宙场景版图的价值。随着更多的玩家购买虚拟土地，在其中搭建房屋、商店，元宇宙的内容也会越来越丰富，与此相关的产业也会得到发展。

13.3.2 虚拟艺术品交易带来可观收益

除了虚拟土地，虚拟艺术品也是元宇宙投资的热门项目。从 2020 年起，虚拟艺术品平台 SuperRare、幻核等都在市场表现得高度活跃。艺术家们将自己的作品 NFT 化后，就拥有了"所有权凭证"，其作品的来源、价格、交易信息等都将被记录在区块链的智能合约上。

这其中不乏一些天价虚拟艺术品，例如，CryptoPunks 是一整套像素风格的图标，共 1 万个。2021 年 5 月，其中 9 个作品在线下拍卖行拍卖，最终以 1 600 万美元的价格售出，引起轰动。同年 9 月，如图 13-5 所示的 CryptoPunks 图标又以 3 385 万港元成交，远超预估价。

图 13-5　3 385 万港元成交的 CryptoPunks 图标

相较于受人瞩目的成交额，更出圈的是加密艺术这一新概念。当佳士得以6 934.625 万美元的价格拍出了 *Everydays -The First 5000 Days*，各大拍卖行、画廊、美术馆都开始蠢蠢欲动，想要在这一新的艺术浪潮中抢占先机。

因此，许多在这一领域小有所成的拍卖行和画廊在扮演着服务者的同时，还会向收藏者普及新概念。例如，佳士得在宣传 NFT 概念的时候，会着重强调其稀有、真实及所有权史三大特性。

1. 稀有

稀有并不是我们普遍认知的意义。例如，顾恺之的画作无一流传，摹本也鲜存于世，这是普遍认知中的稀有。而在加密艺术领域，稀有所代表的含义是限量。

2. 真实

每一个加密艺术品的生成和交易记录都被储存在区块链上，即人们有权去查看每幅作品的数量及归属权，以保证所购作品真实。

3. 所有权史

加密艺术品每一次转手，曾拥有该作品的钱包区块链地址就会被记录下来，因此该加密艺术品的所有权史就会被完整记录下来而且无法篡改。这是因为区块链的去中心化属性，没有中心服务器保存所有资料，而是每个参与区块链的个体负责记录，并传承信息。这一特性解决了艺术品领域的一大痛点，即无法考证艺术品完整的历史。

一件艺术品的交易历史往往还承载历史本身。例如，当我们想了解鲁迅收藏过的德国表现主义艺术家珂勒惠支的版画时，我们可以从鲁迅的作品中了解一些信息，但这只是其中一个收藏家的一段历史，并不能知晓这件作品完整的历史。

在人类历史的长河中，因为战争、动荡、灾害等原因，一件艺术品的所有权历史可能会存在阶段性空白，让人无法了解这件作品的全貌。而加密技术很好地解决了这一问题，它让一切历史都无法被篡改，可以轻松还原出艺术品背后承载的历史价值。

虚拟艺术品交易带来的不只是可观的收益，更是对艺术品行业的颠覆。它让交易变得更简单、安全，也让艺术品的流传路径更清晰，不会在历史的长河中销声匿迹。

13.3.3 创作者经济实现虚拟资产持续创造

如果微博、Facebook、抖音等平台的创作内容的所有权完全属于用户，并且由用户负责经营，那将会是什么样的光景？答案一定是出现比现在更加繁荣、自由的创作者生态，而这也是元宇宙创作者在未来规划的图景。

在 21 世纪末，我们见证了 Twitter、YouTube、微博、抖音、快手、B 站等社交媒体平台的蓬勃发展。创作者不再受制于内容生产和营销公司，可以自由创造并轻松分享自己的内容，同时创作形式也更加多样，包括文字、语音、视频等。

这些平台减少了创作者在内容创作和分发上的障碍，同时还可以借助平台积累大量粉丝。然而，现在创作者的直接盈利途径仍然有限，只有各大平台顶尖的创作者才能获得令人满意的收入，中小创作者仍然无法将创作当成一份事业，让其持续产生收入。

NFT 的出现则可以改变这一现状，它可以规避一些盗版、抄袭的现象，创造一个更自由、安全的创作环境，激发中小创作者获利，让虚拟作品、虚拟资产越来越多。下面是一些 NFT 改变创作者经济的方式。

1．创造性自由

创作者不再需要遵守平台制定的创作标准，可以在法律允许的范围内自由创作，这将激励创作者更好地发挥，让更多有创意的作品诞生。

2．发展社区

NFT 使创作内容民主化，会激发创作者自发建立稳固的社区，形成去中心化的格局。社区有助于作品形成品牌，帮助营销推广，从而打破大公司的垄断。

3．创作货币化

NFT 具有极高的便利性，一旦作品创作完成，NFT 可以在几分钟内在不同市场上完成铸造并流通。创作者可以在智能合约上设置版权税，从而不断获得收入。

创作者经济的繁荣可以让更多人利用自己的创意，积累财富，而这也将带动新的产业、新的职业出现。可以预见，在未来，创作者可能会成为非常热门的职业。

第 14 章

营销变革：开启元宇宙营销新时代

今年最火的概念之一无疑就是元宇宙。从游戏到股市，从社交软件到电子芯片，各行各业都在纷纷向元宇宙进军，人们的态度也从嗤之以鼻到观望，最后到了迫不及待地想要亲眼窥见其中一二。就在元宇宙的很多设想雏形刚刚落地之时，营销行业已经迎来了数字时代的又一轮巨大变革——元宇宙营销新时代被开启。现在的消费者群体将被更年轻的元宇宙原生群体所取代，营销的重点也即将放在这批正在登上历史舞台的消费者身上。

14.1 元宇宙重构营销"人货场"

其实早在元宇宙概念普及之前，营销行业就已经迈进了数字化时代。从最原始的吆喝叫卖，口口相传打广告到电视、广播上滚动播放的特效广告，营销实际上已经有了质的飞跃。然而在今天，在信息碎片化的流量时代，人们开始疲于接受大段的广告宣传，以往的营销手段光辉不再，营销行业必须抓住入局元宇宙的机会，重构营销战略，破题关键就在于"人货场"。

14.1.1 人的转型：面向虚拟数字人的营销

在元宇宙时代，面向"人"的维度的营销核心在于数据。

大数据下的用户画像和偏好轨迹，可以帮助品牌挖掘潜在客户，争取在消费者的生命周期内完成用户-消费者转化。在建立消费者生命周期的模型基础上，完成"发现、'种草'、互动、兴趣、首购、复购、信赖"7个关键节点的标签分组。然后根据这些分组，利用数字化程序工具，将营销内容设置为有针对性的个性化内容，提高用户的浏览兴趣，最终利用归因系统抓取投放结果，完成全面复盘。

听起来似乎并没有什么难度，只需要几个简单的程序工具，用户数据就唾手可得。然而，在元宇宙世界，用户数据并非那么好获得。和今天的互联网不同，元宇宙的本质是一个去中心化的开放性世界，这就意味着以往集中在企业手中的用户数据如今要过渡回用户手中。除此之外，区块链技术的应用也会使得用户数据的价值大大提高，成为元宇宙中的新货币，没有谁会拱手将"钱"送出去。品牌获取用户数据的行为将成为一种新的交易，而非简单地抓取数据。

例如，基于区块链技术的搜索引擎 Presearch 就可以利用由独立节点支持的搜索来保护用户的个人数据，同时把用户的搜索行为和数据兑换成数字货币，这些货币就可以在元宇宙中进行同现实生活中一样的经济行为。而靠着这一技术，Presearch 每个月拥有 30 万的活跃用户。毫无疑问，用户数据就是元宇宙时代的"硬通货"。

但是，即使获得了用户授权，取得了用户数据，品牌想要针对性地为用户提供个性化的营销内容也绝非易事。因为元宇宙中的用户虚拟形象与现实世界中的真实形象可能大相径庭，甚至就连性别也不一样。品牌以为的热衷于浏览精美饰品的娇小少女在屏幕后很有可能是急需电动剃须刀的络腮胡大汉。

在元宇宙世界，品牌营销的对象由人变成了数字人。这个崭新的营销模式被称为 Direct-to-Avatar（D2A）。例如，在一款名为 Aglet 的社交平台，玩家在出行时可以穿不同的虚拟鞋来赚取数字货币，数字货币的获得数量与鞋子的价值挂钩，鞋子价值越高，获得的数字货币就越多。

但 Aglet 仅仅是面向数字人的一个初级营销雏形，虽然已经让用户有了沉浸式体验，但这些还远远不够，品牌在元宇宙中不应只是标签和道具。

在未来的元宇宙赋能阶段，品牌可以向数字人提供数字化奖励或产品，以此满足数字人的生存需要和个性化表达需求。这样品牌就不仅是一个简单的道具或标签，而是数字人所需要的必需品。在品牌数字化替身参与元宇宙共创阶段，元宇宙营销也会变为BA2UA（Brand Avatar to User Avatar）。品牌数字化替身要参与到元宇宙的建设中来，并且要完成品牌的虚拟化转型。

14.1.2 货的转型：虚拟产品走上历史舞台

元宇宙世界中的虚拟数字人同样需要衣食住行，需要人类的个性化情感表达。不管是今天的午饭是炸鸡，还是饺子，今晚的宴会是穿 Prada 的礼服，还是 Dior，有人的地方就有需求的存在，有需求的存在就有供给的市场，有供给的市场就有营销的必要。因此，货的转型至关重要。

在现实世界中，绝大多数人都是普通人，他们无力承担环球旅行的费用，或者无力购买一只昂贵的爱马仕手提包。而在元宇宙的虚拟现实世界中，抛开现实世界的种种压抑和无奈，不管是驾驶帆船出海航行，还是在奢侈品店大包小包购物，对于虚拟数字人来说都有可能。

这也很好地解释了为什么在元宇宙世界，奢侈品和时尚品牌总是那样受欢迎。在虚拟世界，抛开现实的枷锁，人类放大了自我的欲望，这从 Dolce &Gabbana 的虚拟服装 NFT 在数字艺术平台 UNXD 上 565 万美元的销售额就足以看出。截至 2021 年 9 月，以太坊链上 NFT 销售总额从 2019 年的 6 300 多万美元骤增到 70 亿美元。货的转型魅力可见一斑。

而在英伟达 Omniverse 的构想中，虚拟世界中的数字货物同样会影响现实世界，基于 USD 的 Omniverse 平台可以让设计师实现共享协作，一名设计师的修改设计会共享给其他有关联的设计师，其实质就是云共享文档。例如，在虚拟世界进行礼服的修改，修改后的设计同样会共享给现实世界中该款礼服的其他设计师。

然而两个平行世界的货物彼此有联系并不代表虚拟世界中的货物要遵循现实世界中货物的经济原则，否则奢侈品也不会在元宇宙中如此畅销。对于品牌来说，元宇宙中新的货币体系和经济交换规则的建立是一个庞大的流程，能否完全接受它也是一个不小的挑战。

14.1.3　场的转型：沉浸式虚拟营销场景终将实现

新事物的产生总是伴随着旧事物的灭亡。那么当元宇宙时代来临，我们所熟悉的线下的模特秀场和线上的购物商场是否也都会逐渐消亡？

从人类步入互联网时代开始，场的淘汰就一直在加快进行着，但线上的购物软件却始终没有完全淘汰线下的实体商场。究其原因，线下商场始终有线上购物比不上的体验，那就是可以将衣服真实地穿到自己身上，了解自己究竟适不适合这件衣服的材质、颜色和版型。而线上购物却要时常面临衣服不合身、颜色不合适等问题。

但是在未来，在不久的元宇宙时代，这些问题都可以迎刃而解。在2021年5月，GUCCI的创意总监Alessandro Michele就把作品搬上了玩家自创虚拟现实平台Roblox。玩家以阿凡达的数字人形象，在GUCCI Garden的沉浸式虚拟画廊参观，还可以观看宣传片、享用零食，甚至可以变身GUCCI御用模特，穿上GUCCI的虚拟服装走秀自拍，体会到自己与超模之间的身材差距。

这项技术就可以很好地应用到未来的虚拟营销场景中，消费者可以选择调整出与自己体型相仿的数字人在元宇宙商场中进行沉浸式换装购物，就可以足不出户地体验到衣服穿在自己身上的感觉，甚至可以改变天气和灯光细节，这是在线下商场都无法体验到的真实感受。

除了公域的场合受到元宇宙很大的冲击，品牌私域的场合也同样会受到元宇宙的冲击。因为元宇宙的本质就是去中心化的开放世界，而私域的封闭性和中心化注定了它要在时代的浪潮中消亡。

品牌要清楚，元宇宙并不是像《头号玩家》中那样的一个个孤立的绿洲组成的，元宇宙是一个统一的大世界。它将在基于互联网大数据的基础上进一步发展，最终实现全球内的互联互通。即使现在的技术手段可能还无法构建一个超级全球平台，但随着科技的发展，这一天迟早会到来。

14.2　顺势而为，众企业探索营销新模式

传统营销手段成本高、用户转化率低，同时企业无法维护与客户的沟通关系，导致客户首购与复购之间充满不确定性，最终导致客户流失。而在元宇宙时代，互联网发展势头一路高歌猛进，若想要在动荡的市场中生存下来，企业就要懂得顺势而为，探索出一条新的营销之路，制定精准的营销策略，实现企业低成本、高收益的目标。

14.2.1　虚拟代言人成为企业营销新方案

随着传统市场被新兴互联网行业不断冲击，越来越多的企业开始想要摆脱千篇一律的企业形象，为消费者留下独特、深刻的印象，而聘请企业形象代言人无疑是最直接、简单，却又行之有效的方法。同时，在元宇宙风口下，虚拟代言人成为企业营销的新方案。具体而言，虚拟代言人的营销优势主要表现在以下3个方面。

1. 安全可靠，风险系数可控

传统营销过程中，企业所选择的代言人大多是自带流量的明星偶像，或者是有作品的知名演员。这些代言人会为企业带来良好的经济效益和社会效益，但同时也伴随着高风险。例如，明星的自身人设可能会"翻车"，一个不合适的动作或者一句随口而出的话都可能会将代言品牌推入舆论的漩涡。这就凸显了虚拟代言人的优势。虚拟代言人的行为是可控的，不存在人设崩塌的风险，符合人们追求完美的心理。

2. 吸引年轻用户群体，传递品牌理念

当前，在互联网环境下成长起来的年轻群体喜欢追求新鲜事物，具有更强的适应能力和消费能力，是企业营销的重点关注人群。作为企业突出的品牌符号，

虚拟代言人能够立体呈现品牌形象，在与用户的互动中自然地传递品牌理念。同时，企业推出的自创虚拟代言人还支持用户共创，即根据用户的需求和喜好不断成长。这种模式大大提高了用户的参与感，成为品牌与用户沟通的重要桥梁。

3. 较高的商业价值

虚拟代言人可以在技术的推动下不断进化，在商业价值方面拥有更大的开发空间。除了为企业代言，与用户沟通外，虚拟代言人还可以进行直播带货、创作品牌宣传歌曲等，展现更大商业价值。

基于以上因素，越来越多的企业开始将虚拟代言人作为品牌营销的重要手段。虚拟代言人不仅可以为企业的产品做宣传，更可以传播企业的品牌价值。对于企业而言，一旦设定了企业的虚拟代言人并将其公之于众，那它就很有可能成为企业长期、唯一、稳定的代言人。它的形象将与企业共成长、共进退。它的鲜明形象和强劲渗透力都将为企业建立良好的公众知名度，累积的广告效应也相当出众。

例如，近年大火的国货彩妆品牌花西子就推出了同名虚拟代言人。由于其符合中国传统面相美学的长相，很受年轻女性消费者的喜爱。花西子从创立伊始就立志要做中国的彩妆，要让世界看到中国的东方美。花西子逐渐从东方文化的探索中构建起了心目中的"东方佳人"，整体风格大气优雅，含蓄而不失魅力，如图 14-1 所示。

图 14-1　花西子同名虚拟代言人

在布局虚拟代言人方面，企业不仅要打造出一个符合品牌特性、彰显品牌理念的虚拟形象，更要持续关注虚拟代言人的后续运营，发挥出其更大的价值。具体而言，企业需要注意以下 3 个方面。

1. 技术

强大的技术支持是虚拟代言人受用户喜爱的主要原因。拟真的人物形象、成熟的肢体语言和流畅的互动沟通能力等都是虚拟代言人吸引用户的关键要素。打造一个虚拟代言人并不困难，困难的是如何保证虚拟代言人在与用户的互动中给用户更加真实的体验。动作僵硬、语音和嘴唇动作不同步等问题都是企业需规避的雷点。因此，企业需要在虚拟数字人技术方面不断发力，通过技术迭代优化用户体验。

2. 人设

人设包括虚拟代言人的姓名、年龄、出生背景、兴趣爱好等，是进行虚拟代言人营销的核心。人设越具体，虚拟代言人越真实。如虚拟偶像翎 Ling 的人设是热爱中国传统文化的女生；洛天依的人设是呆萌可爱的吃货少女。虚拟代言人可以有多个方面的人设，能够建立起更加立体的形象。

3. 内容

确定好虚拟代言人的人设后，怎样使其形象更加立体？其中的关键就在于内容的创造。

内容是虚拟代言人成长的养分。内容的创造需要关注两个方面：一是体现科技感的场景化展示方式，以突出核心人设。如在虚拟数字人柳夜熙的宣传短视频中，颇具未来感的美妆效果、酷炫的霓虹灯、新奇的捉妖特效等快速描绘出了一个人妖共存的虚拟世界，也突出了柳夜熙"会捉妖的虚拟美妆达人"的人设。

二是内容需要为用户提供价值。以欧莱雅推出的虚拟代言人欧爷为例，其不仅会分享最新美妆动态，为用户讲解化妆品成分，还会带领用户结交新朋友，了解诸多娱乐新闻，为用户提供丰富的内容。

企业做好以上技术、人设、内容 3 个方面，才可以推动虚拟代言人的不断成长，发挥出其更大价值。

此外，除了推出原创虚拟代言人外，企业还可以选择已有的知名虚拟角色作为代言人，如在二次元领域人人皆知的初音未来、洛天依等。她们像明星一样自带粉丝基础，同时又避免了"翻车"的风险。此外，这类代言人还可以吸引更多年轻人，尤其是二次元领域群体的关注。

当然，无论哪种代言人，企业都会增加相当一部分预算，但是比起现实中的明星代言人，虚拟代言人的成本更低、风险更小、收益更大。相信在不久的将来，虚拟代言人将会成为营销代言的主流。

14.2.2 以虚拟叠加现实，开展虚实结合的营销活动

随着元宇宙概念的兴起，越来越多的企业开始从不同角度探索元宇宙商业空间，以元宇宙底层技术赋能营销活动。其中，AR 作为向元宇宙拓展的关键技术，也将深刻改变传统营销活动。

以虚拟叠加现实将创新营销新场景。在这方面，华为依托河图技术平台打造虚拟与现实相融的数字新世界，开启了营销新模式。

2021 年 12 月，河图 App 在北京长楹天街和丽泽天街开展了一次新奇的 AR 活动，通过全息道路指引用户寻车、寻店，打卡全息景观等，给予用户超现实的娱乐体验，如图 14-2 所示。

图 14-2 河图 AR 活动

河图 App 覆盖大面积商圈的 AR 导航服务，用户可在河图中搜索目的地进行导航。与其他 3D 地图不同，河图 App 的 AR 导航会以虚实叠加的路线引导用户前行。同时，河图 App 联合商场打造的虚拟标牌还能够强化用户感知，让其看到不一样的数字商场。

为了打造一站式消费体验，河图 App 还接入了会员体系，用户可以直接通过河图 App 进行支付，同时实现会员积分累计。此外，用户还能通过河图 App 领取优惠券或代金券。整体而言，这场新奇的活动既增加了商场的可玩性，提升了用户的消费体验，又有助于商场进行智慧升级，提升商场的竞争力、用户经营能力及客单转化。

河图 App 强大的 AR 功能的背后，体现了其搭载的河图技术平台的强大实力，主要表现在以下 4 个方面。

1. 厘米级 3D 地图

河图技术平台支持基于全景相机、手机等设备的 3D 地图生产，支持地图更新和直梯、扶梯、地下车库等场景的无缝导航，适用于景区、商场等室内外场景。例如，河图技术能够在表面特征不显著的地下车库也实现精确导航，体现了 3D 地图的优势。

2. 高精度空间计算

为了更好地连接虚拟世界和现实世界，河图技术平台支持全场景厘米级空间计算。这使得虚实两个世界的信息能够顺利连在一起，手机实时定位也更加精准。在虚实相融的环境里，用户更能获得真实的 AR 体验。

3. AI 3D 识别

河图技术平台能够实现毫米级识别精度，同时支持智能 3D 地标识别、商品识别等。这使得用户能够在商店林立的商场中准确找到不同商店的位置，同时更详细地了解商品信息。

4. 超写实的虚实无缝融合绘制

河图技术平台采用光线追踪算法进行虚实场景的融合绘制，从而实现拟真的虚实遮挡效果。同时，借助光线追踪技术，虚拟物体的光影能够和现实世界保持一致，增强了虚拟场景的真实感。

基于以上 4 项技术，河图技术平台能够实现多种现实与虚拟深度融合场景的落地应用。

河图技术平台的覆盖实时性、可连接性、可创造性、经济功能等都体现出了元宇宙的特征，正在逐步向着元宇宙应用进化。在构建元宇宙方面，需要围绕用户需求提升用户体验，而河图技术平台正在构建虚拟与现实相融的元宇宙世界。未来，河图技术平台不仅能够服务于大型商圈，也将推出更多面向细分业态商家的解决方案，让其可以自建 AR 虚拟场景，开启营销交互新玩法。

14.2.3 发布虚拟产品，奢侈品品牌探索营销新大陆

元宇宙的发展是互联网时代的大势所趋，而如何赢得互联网时代下成长起来的 Z 世代年轻消费群体的青睐，则成了企业最为关注的问题，一向高贵冷艳的奢侈品品牌自然也毫不例外。

根据调查显示，奢侈品消费群体逐年呈现年轻化和多元化趋势，Z 世代逐渐成为消费主流，他们成长在一个高度开放、自由的互联网时代，看重人与人之间的平等权利，乐于互动，愿意为自己喜爱的事物买单。面对崇尚平等自由，又极富个性的 Z 世代，奢侈品必须走下"高冷"的神坛，体现平易近人的姿态，转变营销战略。

以路易威登，也就是消费者熟知的 LV 为例，为了赢得 Z 世代消费群体的青睐，这家法国老牌奢侈品公司最近紧跟时代推出了一款虚拟现实游戏，玩家们需要穿越游戏中的幻想世界，以及以北京、巴黎、纽约等现实大都市为原型建立的城市，一路探寻 LV 的创建之旅，完成向品牌创始人的致敬。在这段探索之旅中，玩家除了可以享受到制作精美的游戏画面，还可以了解 LV 背后的历史故事，在无形之中成了 LV 品牌价值观传递的一员。

这是一次成功的营销，老牌奢侈品将自身历史与新时代的技术完美融合在一

起，在元宇宙时代焕发出新的生机。

除了像 LV 这样的与游戏结合的营销方式，也有许多的奢侈品品牌选择直接在元宇宙世界开辟战场，通过与现实结合起来的营销手段，在元宇宙中售卖虚拟货品盈利。

例如，Domenico Dolce 和 Stefano Gabban 设计的高定玻璃礼服系列 The Glass Suit，被玩家以 351.384 wETH 拍下，折合现实货币约为 149 万美元。而著名轻奢品牌 Rebecca Minkoff 在雅虎的虚拟现实沉浸式体验平台限量发布了 400 件虚拟服装，邀请平台上的虚拟玩家前来体验，结果在 10 分钟内就被抢购一空。

在一次次的尝试中，奢侈品品牌逐渐找准了新的营销战略定位：消费者生活在当下和未来，没有人会愿意为过去的品牌买单。只有跟紧时代发展的步伐，抓住消费者群体心理的痛点，消费者才愿意为虚拟商品付款。同时，品牌要加强现实世界与元宇宙世界商品的连接，否则在现阶段，摘下 VR 眼镜，元宇宙中的虚拟商品就只是一堆符号数据而已。要加强两个世界的连接，让消费者无论在哪个世界都乐于为品牌的价值买单。

14.2.4　创建虚拟品牌，满足用户社交、消费新需求

元宇宙时代的来临，意味着每个人都可以在这里找到自己的第二人生。在现实生活中行动不便，在元宇宙中可能是一个绿茵场上肆意奔跑的足球运动员；现实生活中是办公楼格子间里的白领，元宇宙中可能是一个隐居山林自给自足的农夫。元宇宙给了很多人开启另一种人生的机会，对于另外一些人来说，这也同样是一个广阔的市场。

相比于在现实世界中就已经名声大噪，积累了一大批忠实粉丝的品牌，RTFKT 可以说只是一个微不足道的小小虚拟设计工作室，只在元宇宙中发售商品，举办活动，可以说它是诞生在元宇宙中的原创品牌。工作室由一群设计师创办而来，主要业务是通过发售虚拟商品来定义虚拟时尚、收藏品的未来。简单来说，RTFKT 就是一个设计师聚集的平台，他们会创造出吸引消费者的虚拟收藏品，

以此盈利。

"物以稀为贵",RTFKT 深谙这个道理。为了确保自己的商品在元宇宙中的稀缺性,他们摸索出了一套市场供求关系商业模型,对交易的可行性进行小心求证,然后进行加密建模,以把控市场投放量。只有这样,才能确保早期买家的原始资本积累成本和未来的收藏品价值收益能够得到保障。

自虚拟设计室成立以来,短短两年多的时间,共创造了约 600 万美元的一级销售额和 2 800 万美元的二级市场价值。而商品原始创作者可以在二级市场销售中获得分成。例如 RTFKT 与艺术家 Fewocious 合作推出一款虚拟运动鞋,7 分钟内销售额达到 300 万美元,而 RTFKT 和 Fewocious 对这些收益五五分成。

把控商品市场投放量,与大牌艺术家联名,这本身就是大有噱头的营销手段。而在元宇宙时代,这些虚拟品牌更是将这种营销手段发挥到了极致。而正是由于抓住了用户的社交、消费新需求,才使得这些虚拟品牌能够如此成功。

14.2.5 将营销活动搬进虚拟世界,提供新鲜营销体验

传统的营销活动手段已经无法满足新时代消费主力军的兴趣了。在虚拟世界中若想做成一个营销活动,那品牌就要快人一步,才能够为消费者提供新鲜、前沿的营销体验。

成功的营销体验一定不能让消费者处于完全被动的状态,而且正如世界上不存在两片完全相同的树叶一样,在虚拟世界中也不会存在两种完全一样的体验。而这也正是虚拟世界营销活动的优势所在。

这种营销方式在美国 3D 虚拟网络社区 SecondLife(第二人生)中风靡一时。在这个聚集了数以百万计的虚拟数字人的虚拟社区中,潜藏着巨大的消费需求,目前,IBM、可口可乐、百事可乐等近万家著名企业入驻,社区内的居民可以参观可乐的生产流程,体验鞋服设计制造的环节,甚至可以尝试自己设计出心仪的鞋子。这些毫无疑问都是品牌为了维护与虚拟人背后的现实人的互动体验,其根本目的还是在于通过虚拟世界的互动,向现实世界的消费者传递品牌价值。

当前，凭借多样的平台，虚拟世界中举办的营销活动越来越多。例如，在 3D 虚拟网络世界 HiPiHi 中，人们可以设计自己独一无二的爱车，购买刚刚发行的专辑，参加一场线上数字演唱会等，而这些虚拟商品和场景都与现实世界有着千丝万缕的联系。

体验式营销的本质是品牌和消费者之间的互动营销模式。在虚拟世界，很多企业都热衷于这种营销模式。房地产的 VR 实景看房、化妆品 VR 体验上妆等，都属于虚拟的营销体验。未来，随着科技的发展，这种营销模式终将成为营销行业的主流导向。

第 **15** 章

经济模式迭代：数字经济向元宇宙经济进军

大数据时代的终点就是元宇宙。在科学技术发展的推动下，元宇宙走到了时代发展的前沿，数字经济也迎来了又一轮春天。从人类以物易物开始，经济模式就已经悄然建立，经过千百年的发展变革，经济模式也一直在迭代之中。到了互联网时代，数字经济成为主流。而现在，数字经济又在向着更高层次的元宇宙经济进军。一个去中心化、更开放、更自由的经济模式即将成型。

15.1 元宇宙经济：虚拟世界中的经济体系

目前，很多国家的很多企业都在积极尝试元宇宙布局，特别是在经济领域，谁能率先布局完成，谁就能建立和掌控经济规则。在元宇宙当中，经济体系的建立不同于现实世界，它拥有崭新的货币体系和价值交换原则，也不能简单地与数字经济画等号。元宇宙将赋予商业生态更多的数字资产价值。它是更高维度的数字化。

15.1.1 元宇宙经济的核心构成要素

元宇宙是一个去中心化的开放平台，而为了维护这样的平台，需要建立一个公平的游戏规则，确保每个元宇宙的参与者通过这个规则都可以挣到钱，他们的利益都可以得到保障。要想建立这样的经济体系，必须要有 6 个核心构成要素：数字身份、数字创造、数字资产、数字市场、数字交易、数字货币。

1. 数字身份

数字身份是一种基于区块链存在、明确用户身份的系统，能够使用户在元宇宙中的数字身份安全、可控、可携带。

（1）安全：基于区块链的安全属性，用户的数字身份可以由用户本人永久保存。

（2）可控：数字身份与相关活动数据能够摆脱平台的控制，由用户自主管理，并控制数据分享，大大降低数据泄露的风险。

（3）可携带：用户的数字身份不依赖特定的服务商而存在，用户可以自由地在任何场景使用自己的数字身份。

2. 数字创造

理解数字创造存在的意义很简单。没有数字创造，整个元宇宙的经济体系都将成为空谈。元宇宙世界同样存在供给和需求两端，而为了满足消费者多种多样的需求，供给端必须源源不断地提供各类数字产品，而没有数字创造，数字产品也将不复存在。可以说数字创造是一切供给的开端，也是消费链的起点。

在现实世界中，生产商生产出来的产品在市场上流通成为商品，包括服务和实体物品等。而在元宇宙中，创作者通过数字创造创作出来的数字产品是数据的集合体。我们可以在游戏中开荒种田，建造城市和桥梁，在一些短视频平台发布自制的视频和图片；在微信公众号发布文字内容，只要你想创作，你就可以创作，而这些创造出来的数据集合体就是元宇宙数字产品的雏形。

而衡量元宇宙是否繁荣的第一个重要指标就是创作者的数量和他们是否活跃。越简单的创作工具就越能吸引更多的创作者，这也是为什么抖音视频用户要比微信公众号的创作者要多。

3. 数字资产

数字资产可以简单理解为可交易的拥有产权的数字产品。例如，在手游《阴阳师》中的皮肤属于网易公司，这就是产权的归属。当玩家买下这个皮肤就是玩家的私人装备，不可转让，但是玩家可以将账号出售给他人，这就是交易。而皮肤也就具备了资产的属性。

在这个过程中，我们可以看到，皮肤是不能脱离账号和平台存在的。换句话说，不同平台的皮肤（虚拟产品）不能流通，实际上并不能算是严格意义上的数字资产。数字资产的形成需要一个更低级、更普遍、覆盖范围更大的数字化平台，可以保证在数字资产跨平台流通的同时提供严格的版权保护。

4. 数字市场

数字市场是数字经济的核心，也是元宇宙繁荣的基础和象征。和现实世界一样，有了市场就有了盈利的可能。最典型的几种数字市场：一是以阿里巴巴、京东为首的电商市场；二是数字内容的交换，譬如短视频平台中的打赏、直播中的刷礼物等。而在元宇宙中，我们讨论的市场就是第二种市场。

实际上，这类市场已经初步有了雏形，正如我们之前提到的游戏账号的买卖，这其实就属于数字内容交换的领域。那为什么只称它为雏形呢？因为目前的账号买卖需要到其他平台换算现实货币，而一个成熟的元宇宙数字市场并不需要依赖一些外部条件来交易，元宇宙中的创作和交易流程都应该在内部完成。

而限量供应就是数字市场的核心问题。为了经济效益，除了基本的生存必需品，其余数字产品的市场供给量要调控少于市场需求量，可根据不同品质、不同价值将数字产品定位不同的价格和数量发售。

5. 数字交易

元宇宙的数字市场中将产生大量的数字交易。其中包括一级市场交易，即项目方的发行市场交易；也包括二级市场交易，即数字商品在用户间的流转交易。当前，国外市场的数字交易市场较为火热，而国内数字交易市场也在渐渐成形，腾讯、阿里巴巴都推出了自己的 NFT 交易平台。但与国外不同的是，这些平台只支持 NFT 的一级市场交易，不支持 NFT 在用户间的流通。

同时，有交易就会有支付。伴随着数字交易的发展，也将会产生新的支付方式。在这方面，虚拟与现实之间无缝互换的支付方式是一项关键技术，该支付方式的实现将会在未来重构当前的货币与计算方式。

6. 数字货币

随着几次技术革命的推进，人类使用的货币也在不断地迭代，从黄金白银等实物货币，到国家规定的人民币、美元等法定货币，再到如今法定货币与数字货币共存的今天，在不远的将来，数字货币必将全面取代法定货币。而元宇宙就是全面使用数字货币的试验田。

之所以不在元宇宙世界继续使用法定货币体系，是因为其代价过于高昂，同时流通效率较低。因为现实世界中金融体系的核心是银行，不管是现金还是非现金交易都需要银行参与其中，如果银行介入虚拟商品的交易，交易双方需要银行开户，需要复杂的身份证明。若是进行跨行跨国交易则会更复杂，势必会产生成本高、效率低的问题。

而在元宇宙中，每个人都可以拥有自己的账户，避免了银行的中间介入，极大地提升了交易的速度。最简单的例子就是在游戏中购买道具，只要玩家游戏账户中有虚拟货币，那么就可以完成这次交易。

总而言之，元宇宙经济与现实中的经济体系有很大的不同，其虚拟产品的创作、交易等环节都是在虚拟世界中完成的。同时，元宇宙体现了虚拟世界与现实世界的交织，元宇宙经济不会取代现实世界中的传统经济，而是会以新的经济体激发传统经济的活力。

15.1.2 元宇宙经济不同于传统数字经济

数字经济，从字面上理解，就是以数据为主要元素的经济活动，无论是传统的商品生产流通，还是数字产品的创造交换，只要经济活动中有一个环节应用了数据或者数字技术，那它就属于数字经济的范畴。

而元宇宙经济显然就是数字经济的一个子集，但与传统数字经济不同的是，元宇宙经济属于其中最高端、最前沿的部分。它是数字经济发展的领头羊，具有不容小觑的革命性和前瞻性。

也因此元宇宙经济摆脱了一些传统经济的天然限制，例如，有限的自然资源、无法 24 小时运转的生产线、建立市场前期投入的巨大成本等，这些限制在元宇宙中可以将经济影响降到最低，甚至可以说不复存在。

在纯粹的数字世界里，人类可以抛开一切限制，从零开始制定市场规则，从零开始构建经济体系。在元宇宙经济学研究中得到的一些结论，又可以反哺于现实世界中的传统经济，从而对建立现代化的经济体系有所帮助。

15.1.3 元宇宙赋予商业生态更多数字资产价值

近年来，元宇宙热度居高不下，不仅有很多互联网企业争先恐后地宣布进军元宇宙，很多金融行业的银行等机构也开始着手新的元宇宙经济商业布局。

以数字收藏品为例，目前已有多家银行推出了数字收藏品，就像传统经济中的收藏品一样，数字收藏品同样具有唯一性和不可篡改性。2021 年，中信百信银行就推出了"4 in love"系列四周年纪念数字藏品，是银行业首个 NFT 数字收藏品。今年农业银行陕西分行联合"Hi 元宇宙"，推出抗疫小豆"城市英雄"系列数字收藏品；深圳前海微众银行发行了数字"福虎"收藏品项目。

对此，有互联网专家表示，NFT 数字艺术收藏品有助于解决版权问题，并且可以帮助作品更有效率地发行，还可以调控发行数量，确保藏品的稀有性，并提供更丰富的互动功能。这些都可以改善商业生态，赋予数字资产更多的资产价值。

元宇宙推动了虚拟产品的数字资产化和流通交易，对数字资产进行新的赋值。而且数字资产的受众和拥有者多是对元宇宙商业生态这一崭新概念感兴趣的年轻群体，这部分人消费意愿和消费能力都很强，是素质极好的消费者。银行发行自己的数字收藏品，正是意识到了元宇宙对于商业生态的重新赋能，以及愿意为这些数字资产价值买单的消费者的数量很多。当然在涉足未知领域之时，还是应当小心谨慎，避免陷入陷阱，例如，一件数字藏品是否真的是藏品，是否真的具有唯一性。

15.2　多趋势发展，元宇宙经济模式雏形已现

受新冠肺炎病毒疫情的影响，近两年来，全球的经济增速步伐放缓，更有甚者出现了负增长。而在这种传统经济走势持续低迷的情况下，元宇宙经济形势却一片大好。在传统经济的寒冬，元宇宙经济多趋势发展，迎来了春天，经济模式雏形已初现。

15.2.1　数字资产与实物资产渐趋融合

发展数字经济就是要发展数字产业化和产业数字化，就是要推动数字经济与实体经济融合，打造更加稳健、更富有影响的经济模式。

如今人类正处在传统互联网与新兴元宇宙时代交汇的节点，在这里，既没有纯粹的实物资产，也没有纯粹的数字资产，有的是数字资产与实物资产的日趋融合。例如，高新技术制造业和装备制造业。根据中国统计局数据显示，2021 年高新技术制造业相比 2020 年产业增长 31.2%，装备制造业增加值同比增长 39.9%，这两个产业的增速都是快于中国整体工业增速的。

这就意味着，数字科技创新已经成为推动实体经济高质量发展的重要变量，而实现数字经济与实体经济深度融合是经济快速发展的核心，这也是数字资产与实物资产渐趋融合的证明。线上线下融合，一方面促进了现有的实体经济产业向更高层次发展，让实体制造业和互联网对接，减小实物资产从生产商到消费者的距离；另一方面，数字经济与实体经济的融合促进了新产业的产生，带动了一系列产业岗位就业，创造了全新的经济模式，并最终惠及人民。

另外，随着数字资产与实物资产的融合，数字化浪潮正在带动新产业生态经济蓬勃发展。以电子商务、网络游戏等为代表的新型消费产业规模不断扩大，不仅有效保障了消费者的日常生活需求，还满足了消费者日益增长的精神文化需求，

促进了整体经济稳步回升。

15.2.2 数据是用户的核心财富

纵观人类文明史的发展，过去发展靠劳动力，现在和未来的发展要靠数据。虽然目前大数据的发展规模还不大，但是它却是新生的事物，站在一个崭新的起点，它的前方是光明的。

在现有的互联网生态体系概念下，用户的数据资产很重要。企业和平台有了用户数据，就有了用户画像，也就可以围绕用户画像分门别类地展开服务。很多互联网企业，如百度、腾讯、阿里等，它们都会开放自己的用户体系，让用户进行注册使用。而如果你是一个特定行业的云服务提供者，就可以提供你原有的账号体系，融入新的互联网平台账户体系，例如，你可以使用腾讯的 QQ 账号登录微博客户端。如果每个平台都能够做到这样，个体服务就会很容易和互联网第三方平台进行有机整合。

而在未来的元宇宙中，首先，要清楚元宇宙的去中心化会让数据的所有权和使用权回到用户自己手中，无论是平台，还是企业都无法轻易取得。其次，区块链技术的应用也会让用户数据成为元宇宙世界里的货币，而货币用来交易，所以数据就是元宇宙时代用户的核心财富。正如搜索引擎 Presearc 一样，它使用独立节点支持的搜索保护用户的隐私，将用户的搜索行为和数据兑换成数字货币，获得了每月超 30 万人次的活跃用户，以此盈利。

在元宇宙世界中，获得用户的数据就是一场交易，使用用户数据也是一场交易。数据既可以是货币，也可以是资产。因此，数据就是用户的核心财富。

15.2.3 去中心化社区搭建元宇宙社区经济

提到元宇宙，首先想到的就是去中心化。而要想了解什么是去中心化，首先要了解什么是 DAO。DAO 全称为 Decentralized Autonomous Corporations，即去中心化自治组织，依赖于区块链技术和智能合约，是在区块链上运行的代码合集。

元宇宙中的去中心化社区若想搭建一个虚拟社区经济体系，就一定绕不开 DAO 的存在。

DAO 的存在需要具备 3 个要素：具有与陌生人达成共识的组织目标和组织文化；具有与陌生人达成共识的包含创作、激励等内容的规则体系，并且此规则置于链上；具有能与所有参与者形成利益关联的 Token 来实现全员激励。

事实上，DAO 并不新鲜。现在的投资、慈善、借贷等都没有中介机构的参与，而是直接由发起人对接目标客户。例如，一个投资 DAO 可以接受来自世界各地的人们的投资，成员可以商议如何使用这笔投资；网络 DAO 可以创建一个承包商网络，将资金用于软件使用和办公订阅。

而元宇宙社区本身就是开放的、去中心化的，社区经济体系也毫不例外。DAO 这种与陌生人共事的开放理念就十分符合元宇宙的实际情况，极大地提高了创造者们的数字创造的热情。

当然，尽管 DAO 越来越受欢迎，未来就是社区经济体系搭建的主流，但它还有很长的一段路要走。因为 DAO 被黑客袭击的事件也不少见，德国初创公司 Slock.it 推出的 The DAO 就曾因黑客发动的攻击损失了约 5 000 万美元的虚拟货币。这一黑客袭击极大地削弱了人们对 DAO 的信心。

而随着区块链技术的不断发展，安全始终是第一要务。例如，成都链安企业已经为全球 50 多个区块链平台、近 100 家数字金融企业提供了安全审计和防御部署。在未来，相信这些"盾牌"会更加牢固，能够更好地守护元宇宙社区经济的搭建。

15.2.4 去中心化金融推动金融变革

实际上，金融行业一直在从中心化到去中心化，再到中心化的过程中反复横跳。而近年来，随着科学技术的发展，特别是互联网的蓬勃生长，金融行业再一次走上了去中心化的道路。

经济全球化一直是被人们热议的命题之一。在交通愈加发达、互联网技术愈加成熟的今天，在中国的小明很可能正穿着昨天才下单购买的美国衣服。全球化的金融体系创造了巨大的财富，但传统金融体系中的中心化结构有一些问题，衣服生产线上的工人可能只能拿到衣服售价的百分之一，而其余的百分之九十九都在品牌商的手里。

掌握的资源越多，你就会拥有越多的资源，就像莫比乌斯环一样，循环往复，没有尽头。看似荒谬，可在中心化的金融体系下却是实实在在存在的。

而随着这种不平等分配的现象愈加严峻，为了打破这一桎梏，使所有人都有机会实现平等的财富增长，去中心化金融 DeFi 应运而生。

在过去两年间，DeFi 生态已取得长足发展。有调查研究显示，目前正有超过 100 个区块链项目在去中心化金融领域工作，DeFi 已经是一个高达 30 亿元的经济体系。去中心化金融趋势是众望所归。

以 AICOIN 为例，它是基于区块链技术形成的一个去中心化金融交易平台，不受控于任何实体机构，而且是基于底层公链开发的。它为用户提供安全透明的交易保障，其所有交易都由智能合约和代码完成，并且没有人能够篡改交易代码，每一条交易记录都可以追踪溯源。同时，它还具有个性化的风控管理，拥有可自定义的资产风控模型，保护用户资产不受损失。它拥有一支专业人员组成的团队，不管是在运营上，还是开发上，营销上，还是管理上，都拥有足够的经验和技术。

虽然目前 AICOIN 还在发展中，但其公平透明、安全管理、去中心化的特征，是金融行业未来发展的必然趋势。去中心化金融体系的构建势不可挡。

15.2.5 Roblox 重塑经济体系，展现元宇宙经济雏形

Roblox 是美国一个在线游戏创作平台，以其低门槛、高自由度而风靡全球。Roblox 自上市以来一直备受追捧，但它并不满足当前的现状，它所憧憬的最终目标一开始就在那句口号中：We are shepherds the metaverse（我们是元宇宙的引领者）。Roblox 平台界面如图 15-1 所示。

图 15-1 Roblox 平台界面

Roblox 也和大多数游戏公司一样，在新冠肺炎病毒疫情防控期间迎来了业务井喷式的增长。在 2020 年，年收入超过 10 亿美元的手游只有 5 款，而 Roblox 手游收入接近 11 亿美元，位列第五。从 2004 年成立，一直被称为低龄化游戏平台的 Roblox 拥有的受众大多是 13～24 岁，有一定消费能力的年轻人。

而 Roblox 之所以如此成功，除了它开放的低门槛和吸引年轻人的高自由度创作制度，更重要的是它拥有一套属于自己的元宇宙经济理念和商业模式。Roblox 有一套独有的 UGC 模式，越多的开发者开发出有趣的游戏内容就会吸引越多的用户消费，而用户基数扩张的同时，由于 UGC 激励系统和经济反馈的存在，会促使越多的用户转化为创作者。创作者越多，好玩的游戏也就越多，游戏的变现能力也就越强，由此形成良好的内容飞轮循环。

另外，Roblox 的商业模式核心是虚拟货币 Robux，它可以与现实货币兑换，以此在平台内购买游戏或道具，或者用来支持开发者创作。变现方式很简单，月卡订阅或者直接购买都可以，然后 Roblox 平台会将这些虚拟货币进行分配。Roblox 商业模式如图 15-2 所示。

从财务角度来看，Roblox 近年虽规模持续扩张，收入也逐年增加，但其支出也水涨船高，甚至出现了连年亏损的情况，导致其商业模式也遭受了一定的质疑。不过据相关负责人回应，这是因为 Roblox 提供的虚拟产品具有两个性质：消费性质，即时性，可立刻确认收入；持续性质，需要在存续时长内摊销，平均时长将近两年，会递延确认收入，所以收入与 Booking 之中存在 30%～40% 的差距。总体来说，虽然支出越来越多，但并不存在连年亏损的情况，财务状况还是相对稳定和健康的。

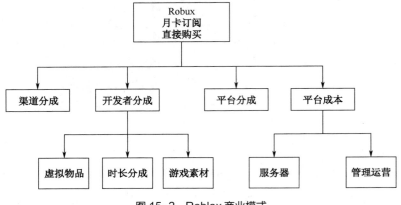

图 15-2　Roblox 商业模式

　　纵观 Roblox 的发展史，高自由度、低门槛的限制为创作者提供了极富想象力的创作空间，而这也正是 Roblox 发展的基础。而随着规模的持续增长，Roblox 又在自己内部建立了元宇宙独有的商业模式和经济体系，这也为其后来的壮大和盈利构建了足够稳固的框架。也许正如 Roblox 所畅想的那般，在未来的某一天，Roblox 真的会成为元宇宙的前沿开辟者。

反侵权盗版声明

电子工业出版社依法对本作品享有专有出版权。任何未经权利人书面许可，复制、销售或通过信息网络传播本作品的行为；歪曲、篡改、剽窃本作品的行为，均违反《中华人民共和国著作权法》，其行为人应承担相应的民事责任和行政责任，构成犯罪的，将被依法追究刑事责任。

为了维护市场秩序，保护权利人的合法权益，我社将依法查处和打击侵权盗版的单位和个人。欢迎社会各界人士积极举报侵权盗版行为，本社将奖励举报有功人员，并保证举报人的信息不被泄露。

举报电话：（010）88254396；（010）88258888

传　　真：（010）88254397

E-mail：　dbqq@phei.com.cn

通信地址：北京市万寿路 173 信箱

　　　　　电子工业出版社总编办公室

邮　　编：100036